フィンランド語は猫の言葉

稲垣美晴

フィンランド語は猫の言葉／目次

本文イラスト　内海　朗

芬学事始《フンガクコトハジメ》

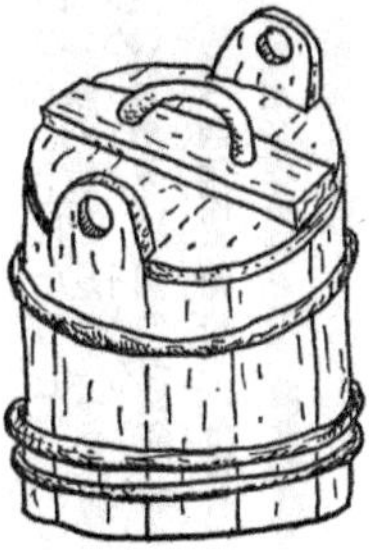

杉田《すぎた》玄白《げんぱく》の気持がよくわかる。『蘭学事始《らんがくことはじめ》』の中で、

かの辞《ことば》を習ひて理解するといふは至て難きことなり。

と言っているが、今から二〇〇年も前に外国語を勉強しようというのだから、それはそれは大変なことだったのだろう。

先づ、かのターヘル・アナトミアの書にうち向ひしに、誠に艪舵《ろかじ》なき船の大海に乗り出だせしが如く、茫洋《ぼうよう》として寄るべきかたなく、たゞあきれにあきれて居たるまでなり。

ますますよくわかる。私がフィンランド語を始めた時も、「艪舵なき船の大海に乗り出だせしが如く」だった。

江戸時代より現代のほうが情報量が多いに決まっている。が、ことフィンランドにかけては、情報量はまだまだ江戸時代並みなのだ。ましてや、フィンランド語をマスターしようとなると、「寄るべきかた」などあるわけがない。本もなければ辞書もない。本当にフィンランド語なんてあるのかしら？　という疑問から、私の芬学は始まった。

海の上にぽっかり浮かんだ国の、それも他の国と、とんでもないほど違った言葉を話している民族にとって、外国語の勉強ほどエネルギーを消耗するものはない。『蘭学事始』にも書いてある。

たとへば、眉（ウエインブラーウ）といふものは目の上に生じたる毛なりとあるやうなる一句も、彷彿として、長き春の一日には明らめられず、日暮るゝまで考へ詰め、互ににらみ合ひて、僅か一二寸ばかりの文章、一行も解し得ることとならぬことにてありしなり。

江戸時代も大変だっただろうが、明治時代の夏目漱石《なつめそうせき》はどんな風に英語を勉強したのだろう。森鷗外《もりおうがい》はどうやってドイツ語をマスターしたのだろう。と考えたくなる。夏目漱石は、あのお髭《ひげ》姿で神田外語学院にでも通ったのかしら。森鷗外はテキスト片手に、NHKドイツ語講座を聞いていたのかしら。私の場合は、つまずくことが多いけれど、夏目さんや森さんは、歴史に残るほどの頭脳をお持ちだ。苦労なく外国語をマスターしたのかもしれない。全く頭のいい人が羨《うらや》ましい。

ある日、「寄るべきかたなく」悩ンデルタール人がさまよい歩いていると、本屋の片隅のほこりをかぶった本が目にはいった。『フィンランド語四週間』と書いてある。これぞ天の助け、と急いで買い求めた。頭の構造が単純にできている私は、この本を読めば四週間でフィンランド語がマスターできると思ったからだ。世の中そんなに甘くない。四週間で外国語がマスターできるなら、一年間に何ヵ国語もマスターしてペラペラになるはずだ。『フィンランド語四週間』（尾崎義《おざきよし》著・大学書林）は、今から約三〇年前に出た本で、それ以降はフィンランド語学習書は私の知っている限りでは一冊も出ていない。

その『フィンランド語四週間』を開いてみると、「学習上の注意」というところに、

フィン語の学習には第一歩から、文法をしっかりつかんでおかないと、いつまで

たっても進めない。最初から色々な音韻法則や文法の規則をやっておかないと、極めて簡単な文の構造さえ理解できないし、第一辞書をひくこともできないのである。と書いてある。フィンランド語には格が一五あるという。ああ困った。英語でさえ複数のSを忘れるほど、シンプルライフを送っている私には、向いていないのではないかしら、と始める前から不安だった。

フィンランドは、漢字を当てると〝芬〟になる。初めて私が渡芬したのは、一九七六年の夏だった。大学の夏休みを利用して、二ヵ月ヘルシンキに滞在し、夏期大学でフィンランド語の手ほどきを受けた後、フィンランド中をまわった。夏期大学の講習というのは、外国人を対象とする英語の授業だが、全然わからない言葉をよくわからない言葉で説明されるのだから、よくわかったのかどうか、ほとんどわからないのだけれど、まあ挨拶程度なら、なんとかなるようになった。

その頃私は、芸大のチンピラ学生だった。というのは、印象主義だのイタリア・ルネサンスだのといった、芸大生が学ぶべき美術史の主流にはいっさい興味を示さず、フィンランドの美術史が面白そうだと一人で騒いでいたからだ。もちろん芸大ではフィンランドの美術史なんて教えていない。でも、どうしてもやりたかった。

本当にやるなら、フィンランドへ行かなくてはならない。フィンランドの場合、三ヵ月以上滞在する場合は、はっきりした目的を示してヴィザをもらう必要がある。学生として行くのがいちばんよいのではないかと思い、ヘルシンキ大学に入学できるよう、バタバタと書類を集め始めた。必要な書類を全部英語でそろえるわけだが、これがまた一苦労。学校では英文の証明書を出してくれないので、全部自分でタイプすることになるのだが、英文タイプなど持っていないし、叩いたこともないし、でき上がるまで大騒ぎだった。推薦状が二通必要だったので、芸大の先生と青山学院の恩師加藤健雄《かとうたけお》先生にお願いした。すべての書類をそろえるまでに大変な思いをしたけれども、無事ヘルシンキ大学の「フィンランド語と文化」という科に入学できてホッとした。

芸大のほうは、三年までで全部単位が取れていたので、四年になるとすぐ、私は卒論を書くためまたもや渡芬。トフン。なんとかぐわしいこの響き！　卒論を書くためといっても、日本語の資料など一冊もないところへ出かけて行くのだから、今考えると、私も無謀な若者だった。

住むところは北ハーガの学生寮に決まった。そこは三人一組みになっていて、各自の部屋と、共用のシャワー、洗面所、トイレ、台所があった。日本では考えられないことだが、男女ごちゃまぜになっている。女の子が散らばっているほうが、必ず掃除をするから寮が汚れないということらしい。誠に単純な理由だ。その時の隣人は、タルヤ・サルコヤルヴィとヴェサ・リンタマキ。タルヤが女でヴェサが男。フィンランド人の名前には慣れていなかったので、タルヤサルコヤルヴィとヴェサリンタマキという超デタラメ語を暗記するのに、一週間ぐらいかかった。紙に書いて覚えたのだけれど、ちょっと見ないとタルヤのことは、えーと何屋だったかなあと、わからなくなってしまうし、ヴェサの苗字の「リ」を「キ」なんて言いそうになるし、とてもではないけれど、「いざ、卒論！」などという状態ではなかった。

初めのうちは、まあそんな風だったけれど、大学、図書館、美術館を行ったり来たりしているうちにテーマも決まった。アクセリ・ガッレン＝カッレラについて書くことにした。十月の末だったか十一月の初めだったか、速達航空便で芸大の研究室に卒論の題目を送ったが、芸大では誰もガッレン＝カッレラを知らなかったという。どうせあのチンピラ学生のことだから、知合いの画家の話でもまとめるのだろうと、みんな思っていたようだ。これだから、江戸時代の人たちとつきあうのは骨が折れる。フィンランドの国民的英雄であるガッレン＝カッレラを知らないなんて。

フィンランドで有名なのは、なんといってもシベリウスだ。フィンランドにはシベリウスしかいないのではないかという印象を与えるほど、シベリウスは世界中で有名だから、ガッレン＝カッレラの出る幕がなかった。というより、音楽は絵画より外国へ紹介するのが容易、ということだ。

日本ではチンピラ学生だった私も、フィンランドでは、「フィンランド美術史を日

本へ紹介」という大義名分が認められて、フィンランド政府から論文に対し三〇万円ほどの奨学金を頂いた。題名も、

アクセリ・ガッレン＝カッレラ
――カレワラを主題とする作品を中心に――

と、副題までつけて、ちょっと偉そうにした。なにしろ八ヵ月近く孤独な作業をしていたので、書き終わった時には、まるで江戸時代にターヘル・アナトミアの翻訳を終えたような気分だった。

一応、ガッレン＝カッレラ美術館の館長であるアンニッキ・トイッカ＝カルヴォネンさんに論文の内容を説明して、間違いのないことを確認していただいたのだが、はたしてこの論文を日本へ持って帰ったら、どう評価されるのだろうと、私は不安になった。そんな私を杉田玄白は、こう勇気づけてくれる。

はじめて唱ふる時にあたりては、なかなか後の譏《そし》りを恐るゝやうなる碌々《ろくろく》たる了《りょう》簡《けん》にて企事は出来ぬものなり。

十二月の卒論提出日に間に合うよう、論文をかかえて雪のヘルシンキを発《た》った。飛行機が日本に着くまで、私は論文のことが心配で、なくならないようにと抱きしめていた。原稿用紙の束なんか、盗《と》る人などいないのに、その時の私は真面目なナルシストだった。こんなに貴重なものを置いておいたら、きっと誰かが持って行ってしまうと思い込んでいたので、飛行機のトイレに立つときでさえ、卒論を入れた袋を持って行った。今思い出してみると滑稽なことだ。

私はこの時、フィンランドからの往復切符を買った。その次の時もフィンランドからの往復切符を買った。

「それじゃ、いつになっても日本に帰れないじゃないの」

と、友達から言われたが、どうしてもフィンランドに戻りたいと思う何かが私の中にあったのだろう。フィンランドは、フィンランド語でスオミといい、一説にスオミとは、スオ（湿地、沼地）が語源だという。もしかしたら私は、フィンランドという深く美しい沼から、足を引き出せなくなってしまったのかもしれない。

いつ私の足は、この美しい沼にはまってしまったのだろう。たしか、私をこの美しい沼へ呼び寄せたのは音楽だった。舘野泉《たてのいずみ》さんのコンサートで紹介されるフィンランドの音楽は、いつも美しかった。シベリウスの音楽はもちろんのこと、現代作曲家の作品にも私は魅了された。それに、自分でピアノ曲を弾いてみても、なんだか私の資質に合っているような気がした。そんな風に、私は次第にフィンランドに関心をもつようになり、一度行ってみたいと夢見るようになった。だいぶ前に、ノルウェーとデンマークは大急ぎで通り過ぎたことがあったが、ロンドンから発った飛行機が、果てしなく続く森の上を低く飛んでベルゲンの飛行場に着いた時の、あの不気味な静かさは今でも忘れられない。北欧には魔性を秘めた何かがあるらしい。

人間は、大きく二つのグループに分けることができると思う。「北へ行く人」と「南へ行く人」に。画家の東山魁夷《ひがしやまかいい》さんは、『白夜の旅』（新潮文庫）のあとがきに次のように書いていらっしゃる。

私は、ずっと以前から北欧の森と湖が、私を呼んでいた気がする。その遠くからの声に誘われて、自然に私の足が、北へ向かって歩み寄って行ったのに違いない。

ピアニストの舘野泉さんは、「フィンランド・ピアノ名曲選」（東芝EMI）のレコーディングの後、「フィンランドと私」という文を書かれ、その中で、

少年の日の想い出には、北国へと向かう蒸気機関車の汽笛が常に響いている。

とおっしゃっている。そして、

南は生を志向し、北は死を志向する。しかし死と隣りあっているがためにこそ、北では生の姿が鮮かに浮彫りされてみえるのだろう。ここでは厳しい自然に選びぬかれたものだけが、これ以上は洗いきれない強さとさわやかさで生きているのだ。北欧の文化には「洗練」という言葉はあっても、「爛熟《らんじゅく》」という言葉はあり得ないのだと思う。爛熟に至る一歩手前で、厳しい自然がいつでもそれを洗いなおしてしまうだろう。厳しい自然は人々にいつもレアリストであることを要求し、その無駄のない美しさで人々を導く。


私も「北へ行く人」なのだろうか。北は寒色の世界、南は暖色の世界。友達に、

「あたし、寒色が好きなのよ」

と言ったら、

「えっ、間食？　お菓子とか食べること？」

と誤解された。凡人はあまり気どったことを言わないほうがよさそうだ。


フィンランドの留学を終えて、最終的に日本に戻ってから知ったことだが、何かの留学案内のフィンランドの項目には、やめたほうがいいと書いてあるらしい。

「本当だよ。うそだと思うなら見てごらんよ。フィンランドに留学しても、帰ってから職がないからやめたほうがいいって書いてあったよ。それを承知で行きたければ、行けばいいって」

　とK君が教えてくれた。やめたほうがいいと言われても、もう行って来てしまったのだからしようがない。

　渡芬歴四回。全部合わせるとフィンランドに住んでいたのは三年弱。日本を出る時には脳ミソが空だったので、留学中に多くのことをつめこむことができた。その中でも、特にフィンランド語の勉強について書いてみたいと思う。私にはどうしてもフィンランド語が猫の言葉に聞こえる。だから、そんなことについても、ちょっとだけ。

ヘルシンキおばけ？

一年に約六〇〇〇人が国際結婚するという。どこの国の人と結婚するにしろ、言葉の問題は大きいと思う。私の友人のM子さんには、フィンランド人のご主人と、もうすぐ二歳になる男の子がいるが、彼女のところは言語的に複雑な家庭だ。M子さんは日本人だから、もちろん日本語が母語だ。ご主人はフィンランド人といっても、アハヴェナンマー（スウェーデン語ではオーランド）というスウェーデン語を話す島の出身なので、スウェーデン語が母語だ。交際は英語で始まったが、結婚してヘルシンキに住むようになると、周囲に合わせてフィンランド語も使う必要が出てきた。つまり、お互い相手の母語を少々と、二人にとって全くの外国語である英語とフィンランド語をまぜこぜにしたのが、夫婦間の言語となった。そうこうしているうちにG君が生まれ、M子さんはG君に日本語で、ご主人はスウェーデン語で話しかけるというバイリ

バターを作るかく乳器

ンガル方式をとっているので、遊びに行くと四ヵ国語の世界に巻き込まれて、頭が混乱してしまう。

ヨーロッパでは、数ヵ国語話せる人はそれほど珍しくない。似ている言葉なら修得が容易だし、国の公用語がいくつもあるスイスのような国もある。日本人は日本語だけで用が済んできたから、外国語を勉強するのは、本当に特別なことをするように感じられる。私たちが外国語を勉強するのも大変だが、外国人に言わせると、日本語は修得が不可能なほど、難しい言語だそうだ。特に日本語を勉強したことのない人でも、日本語は難しいらしいと聞いて知っている。フィンランドにいた時は、私もよく日本語についてきかれた。説明してほしいと言われても、ちょっと困る。昔、国文科の学生だった頃、たしか「国語学」という授業があったような気がするが、教科書をかかえて歩いた記憶はあっても、開いて読んだ記憶がないので、さっぱり思い出せない。

日本語は、特に敬語が難しい。外国人に日本語を教えるとき、待遇表現には五つのレベルがあると説明するそうだ。日本人は外国語がだめでも、この五つのレベルを自由に使い分けているのだから、なかなかの語学達者と自負してもいいのではないだろうか。外国語の場合、文法の知識があるのと、その言語を使いこなせる能力があるのとは全く違う。たとえば簡単な挨拶にしても、国によってそれぞれ使い方がある。私は次のような経験をした。

ふつう、言語には午前中、午後、夕方以降、就寝時の挨拶というものがある。日本語なら、おはよう、こんにちは、こんばんは、おやすみなさい、となる。これが非常に難しいのだ、いつ使うかが。フィンランドでは、お店に入るとまず「こんにちは」と挨拶する。そして買わなくても、「ありがとう、さようなら」と言って出てくる。冬休みにロンドンへ遊びに行った時、お店に入ってフィンランドの調子で「こんにちは」と言ったところ、全員から不思議そうな視線をあびた。

交換留学で日本に来ているハンニと一緒にタクシーに乗った時、ハンニが運転手さんに「こんにちは」と言った。運転手さんは挨拶も返さずに、もそもそしていた。そういえば、タクシーに乗った時には、ふつう挨拶はしない。いくら「こんにちは」が午後の挨拶と知っていても、いつ言うか、いつ言わないかを知らなければ使えない。挨拶というのは習慣であって、いうならば言葉のキャッチボールだ。「サヨウナラ」と相手が言ったら、「サヨウナラ」と言えばいい。誰も「左様なら」とは考えていない。相手の発した言葉にぴったり合う言葉を、反射神経がほうり出す。

ライヤの面白い話がある。ライヤは、久しぶりに子供を預けて新宿にでも踊りに行こうかと、友達をさそってマンションを出た。近所の奥さんに会うと、

「どちらへお出かけですか？」

ときかれた。ライヤは、プライベートな領域に深く立ち入るこの失礼な質問が許せ

なかったという。ある時、ライヤは近所の人にこの質問をしてみた。すると答えは、「ちょっとそこまで」

そこ？　どこだろう？　何のことかわからなかったこの言い方も、今ではすっかりライヤの使用語彙《ごい》に入っているという。「サヨウナラ」と言われたら「サヨウナラ」と返すのと同じように、「どちらへ？」ときかれたら、「ちょっとそこまで」と言えばいい。本当に好奇心の裏づけがあって、「どこへ行くのか」つきとめたいと思う人は、あまりいない。でも、はっきり答えなくてはならないときもある。タクシーの運転手さんにきかれたときだ。「お客さん、どちらへ？」ときかれて、「ちょっとそこまで」では、やや曖昧《あいまい》な気がする。

外国の女性が日本語で困ることの一つに挙げるのが、女性語の存在だ。日本では女のあるべき姿、男のあるべき姿が決まっていて、女は女らしくという社会が求める像に、嘘でもいいから当てはまっていなくてはならない。女らしい言葉づかいができないと失格になる。女が口にすべきでない言葉さえある。いつだったか新聞の投書欄に、クイズ番組の批判が載っていた。解答が「ふんどし」となるような問題が女性に出題された。彼女はわかっていたけれども、赤面して答えられなかった。女性解答者には問題を配慮せよ、というのである。

女は声の出し方まで気をつけなければならない。バスガイドさんのようにとまではいかなくとも、日本人の女は、女っぽい声とか、色っぽい声というレッテルほしさに、声をいくぶん高めるようだ。こういう社会に生活して、高い発声を身につけたトゥイヤは、フィンランドにお里帰りした時、どうしてキリキリ声を出すのか問われたという。

外国人が日本語を勉強するときの苦労話は、他にもまだいろいろある。私たちは何とも思わずに、

「きのうは、暖かかったわねえ」

などと言っているが、アタタカカッタにせよ、アッタカカッタにせよ、外国人には太鼓でも叩《たた》いているような響きに聞こえるらしい。金田《きんだ》一春彦《いちはるひこ》さんの『日本人の言語表現』（講談社現代新書）には、日本人は「ボツボツ出かけましょう」と言うが、どんな出かけ方だかわからないというアメリカ人の話が出てくる。

日本人のアレ、アソコ、アノの濫用も、話し手がさすものを推測することに慣れていない外国人の理解をいっそう困難にしているという。金田一春彦さんの説明によると、

コ（レ）は、会話のなかに出て来たものおよびこれから出ようとしているものをさし、ソ（レ）は、会話に出てきたものを指すのに対して、ア（レ）は、まだ話に

出てこない、しかし、話し手も知っており、相手も知っているにちがいないものをさす。つまり「アレ」のときには何を話し手がさしているのか聞き手としては推測してやらなければいけないのであるが、日本人は、お互に勘を働かすことが得意で、相手がアレとさすものを簡単にわかってしまう。

のだそうだ。会っていきなり「アレからどうしました？」ときかれても、このアレが何をさすのか外国人は悩むらしい。

このように、指示代名詞の使い方も日本語と外国語では異なるが、人称代名詞も相当違うような気がする。日本語における人称代名詞の歴史を、私はよく知らないが、「彼」だの「彼女」だのを使うのは、ごく限られた世代や地域の人たちだけだと思う。私の両親より上の世代はあまり使わない。それに、田舎のおばさんも、

「隣村の彼女に会った」

とは、言いそうもないような気がする。よく考えてみると、私も「彼」は時々使うが「彼女」はほとんど使わない。いったいどうなっているのだろう。

トゥイヤ鈴木が、八〇歳の女性をさして「彼女が」と話を始めたところ、ご主人のお母様が、

「そんな年寄りを〝彼女〟と言ってはおかしい」

と、おっしゃったそうだ。「僕の彼女」「私の彼」といった表現を耳にする機会が多いせいか、「八〇歳の女性を彼女と言ってはおかしい」という指摘は、日本語における人称代名詞の現状をうまくとらえていてなかなか楽しい。

日本語は諸外国語と比べると、構造がかなり違う。たとえば英語圏の人たちは、日本語の文法をひととおり終えるだけでも、大変な努力が必要だと思う。一応基本的な文法事項を理解して、やれやれ、これでやっと日本語が使える、と肩の荷をおろそうとした矢先、日本語は「言わない」のが特徴だと一言つけ加えられたら、みんなどんな顔をするだろう。つまり文法だけでは何もならない。生きた言葉に接することが謎解きのカギである。

学校に通うにしろ、独学にしろ、ある程度日本語がわかるようになった人はいい。友達もふえるし、社会のなかにもとけ込める。しかし、うまくいかないで孤独感からノイローゼへと発展する場合も少なくない。日本に来たフィンランド人のなかにも、精神病院に収容された後、帰国したというケースもある。

ここで紹介したいのが「東京おばけ」の話だ。誰の命名かわからないが、なにしろ誰もがそう呼んでいた。私が東京おばけを目撃する前にも、母と義姉が時々その話をしていることは知っていたが、特に気にもとめていなかった。私は、ただ無責任に相《あい》槌《づち》を打つだけだった。私が初めて東京おばけに遭遇したのは、一九七九年の夏、東京で夏休みを過ごしている時だった。夕方、食事の用意ができたので、外で遊んでいる姪たちを呼びに行こうと、裏口を出た。すぐ前に立っていたのである、東京おばけが。いや、その瞬間、私はその物体が何かわからなかった。とてもこの世のものとは思えない代物だった。走って行って子供たちの腕をつかみ、叫んだ。

「変な人が立ってるから、早く家へ入りなさい！」

するとと由香は、へっちゃらな顔をして、

「大丈夫よ。あれはねえ、東京おばけ」

と説明して落ち着きはらっている。

家族の話を総合してみると、彼女は、我が家の近所のアパートに住み、日本人の夫がいるらしいが、夜な夜な出没して殿方に声をかけるという。昼間から酒屋さんの前でビールをガブ飲みし、パン屋さんへ行っては、買うとその場で立ち食いだという。いつも大きな紙袋を持ち、同じ服装で現われる。かつらのかぶりそこないのような髪と、おてもやん顔負けの化粧法から、誰かが東京おばけと命名したのだろう。暗闇で対面したら、それはそれは恐ろしいにちがいない。パン屋さんの証言によると、財布の中にはいつも大金が入っているという。紙袋をいつも大事そうに持っているのは、きっとあの中に金の延べ棒が入っているのだと噂されるようになった。あれはかつらだ、いや違うと、初めは二派に分かれていたが、そのうち、女にしては大きすぎる、女装した男だと主張する第三勢力が現われた。それにしても、あのいでたちでは、お相手を務めようと立候補した男性はいたのかしら……。

最初は、大人も子供も気持が悪いので、恐がってなるべく避けるようにしていたが、そのうち何も危害を加えないことがわかると、もうみんな平気で前を通過するようになった。恐いという人はいなくなって、今度はかわいそうだというのが大方の見方だった。外国でこんなことになってしまって、というところに主婦の同情が集まった。横丁に売りにくる八百屋さんのトラックを囲んで、意見を交換することもあった。

「奥様はどうお思いですか？　かわいそうですねえ。日本に連れて来た人が、責任をもって連れて帰るべきですね」

「本当にそうですね。宗教団体か何かにたのんで、なんとかしてあげられないものでしょうか」

私は夏休みが終わると、ヘルシンキに戻ってしまったので、特に思い出すこともなかったが、十月だったか十一月だったか、家族から大ニュースを伝える手紙が来た。なんと、あの東京おばけがフィンランド人だったというのである。とうとう帰国したと書いてある。私の驚きもさることながら、母のショックが大変だったらしい。私がヘルシンキおばけになっているのではないかという、つまらない苦労が始まったのだ。外国での一人暮らしは、精神的にいつもノイローゼと紙一重なので、一歩間違えれば悲劇にもなりかねない。精神状態を正常に保っていることがいちばん大切なのだけれど、実はこれがいちばん難しいことなのだ。

　さて、私はヘルシンキでどんな生活をしていたのだろう。母が心配するようなヘルシンキおばけだったのだろうか。それとも、みごと芬学を修めた芬学者として、故郷に錦《にしき》を飾ることになるのだろうか。

初めての試験

外国人専門アドバイザーの付添いで入学の手続きをすべて済ませ、最後にオピントキルヤという文庫本程度の大きさのノートをもらった。初めは、何のために使うのかわからなかった。横線が引いてあるだけだから、たぶん時間割を書いたりする学生手帳のようなものだろうと思っていた。このノートが、学生生活のなかでいちばん大事なものだと知ったのは、ずいぶんたってからだったと思う。

オピントキルヤは、学生としての身分証明書であり、また成績証明書でもある。学期始めに各先生に、日付と署名入りで講義の題名を書いてもらう。そして学期末には、試験の結果が記入される。

学校は秋から始まり、一年が九月から十二月までと一月から五月までの二学期に分かれている。授業は特別なものを除いて、すべて一学期ごとにまとまりがつくように

パレ・昔の明りとり

なっている。学期末には必ず試験があるが、試験準備が間に合わない人や他の試験と重なって出席できない人には、次の学期にまだいくらでもチャンスがある。というのは、月に一度試験日というのがあって、朝九時から午後一時まで、やろうと思えばいくつでも試験が受けられる仕組みになっているからだ。どの試験も、結果が気に入らなければ何度でも納得がいくまでやり直しができる。その度に、出題するほうは、程度は同じだが前回とは違った問題を考える。試験の結果は氏名と成績が廊下にはり出される。答案については、先生の部屋で一対一で、どこがよくてどこが悪いかの説明を聞くことができる。この辺は、日本の大学とは全く違う。

日本の大学では、試験の答案は返してもらったことがないし、どこが間違ったかなどは永久にわからずじまいだ。いったん成績がついてしまえば、それが「可」であろうとやり直しはきかない。また時には、身に覚えのないような科目の単位まで取れていたりする。日本の大学は全く不思議だ。

月に一度試験があるというシステムは便利なように思えるが、毎月試験を受けようなどと大それた計画を立てると、授業の予習復習と併行して試験勉強をしなくてはならないので、目がまわることになる。それでも受けようと思う人は、試験日の一週間前までに大きな試験用の封筒に受ける科目を記入して、先生に提出する。試験日には、体育館の二倍ぐらいある大きな試験場で、苗字のＡＢＣ順にその封筒が配られる。合図で一斉に糊《のり》づけされた封筒を開けると、その中に問題用紙が入っている、といった仕組みだ。だから、学生はそれぞれ違う試験を受けている。四時間あるわけだから、一人で二つも三つも封筒をもらってくる人もいるし、規定の三〇分が過ぎるとさっさと退場する人もいる。私の場合は、脳が比較的ゆっくり働くほうだから、退場するのはいつも遅かった。

フィンランドには私立の大学がない。すべて国立だから、学費はほとんどかからない。学校に納めたのは、年間一万円弱ぐらいだったと思う。なにしろ物価の高い国だから、もし大学の授業料が日本並みに高かったら、とてもではないけれど留学なんてできない。首都ヘルシンキといっても総合大学は一つだけ、ヘルシンキ大学しかない。他のどの都市の大学とも学力の差はほとんどない。というのは、学科による履修規定がほぼ同じだからだ。

私が最初始めたフィンランド語と文化のアプロバチュールには八項目の必修科目があり、試験にすると一五ある。一五のうち、どれをとってみても試験の準備に一年ぐらいかかりそうなものばかりだ。一年の予定で来たものの、どれだけ収穫が得られるかなんだか不安になった。でも何か始めなくては、その先はない。さて、第一回目の試験日には何に挑戦したらいいのだろう。

先生に相談すると、正書法か『Finland facts and figures』の本が適当だという。その本はフィンランドについて英語で書いてあり、一冊読んで全部覚えるのだという。いったい今までに英語の本を読み通したことなんて何度あっただろう。一冊読んで全部覚える？　冗談じゃない。という単純な消去法によって正書法が選ばれた。とはいっても、正書法っていったい何だろう。過去に学校で日本語の正書法というのを習ったことがあったかしら。

オスモ・イコラの『現代フィンランド語の手引書』一一八〜一二六ページ、一七〇〜一八六ページが出題範囲となっているので、さっそく図書館でその本を探した。本を探してはじめて気がついた。私はフィンランド語が読めるのだろうかと。これまでに読んだものといったら、外国人向け文法書とそれに付随するリーダーくらいで、本らしい本はまだ読んだことがない。でもまあ辞書を引きながらなんとかと、楽観的に始めたのは九月の中旬だっただろうか。

初めは外来語についてだが、これがさらに一般外来語、特別外来語、そして外国の言葉と三つに分かれている。表記と発音の問題が主で、外来語の格変化、母音調和、音節の切り方についても詳しい説明がある。フィンランド人は、スウェーデン語も国の公用語だからよくできるが、私はスウェーデン語の知識があまりないので、外来語の問題点は難しいように思えた。

同じクラスにテッレルヴォというフィンランド人がいた。彼女は子供の時にカナダに渡り、今はカナダの子供たちにフィンランド語を教えているが、学校から一年休暇をもらってヘルシンキ大学に勉強しに来ている。彼女が言うには、英語とフィンランド語の正書法が違うので、書こうとすると両方がまぜこぜになるそうだ。私は、フィンランド語だけでもあまりに細かい規則が多いので、少々混乱ぎみだ。符号のこととなると特にそうで、こんなに詳しいきまりがあるとは思わなかった。感嘆符や疑問符などはわかりやすいが、コロン（カクソイスピステ）とセミコロン（プオリピステ）の使い分けや、カンマ（ピルック）の打ち方は例文をよく読んで理解するしかない。どうしてもピルックが必要な場合と、決して打ってはいけない場合について五ページも説明してあるのをみると、日本人である私は、こんなに勝手気ままに読点を使っていていいのだろうかという疑問が生じる。

フィンランド語は格変化の多い言語だが、数字も同じように変化するからいつもややこしい。これは恐ろしいとしか言いようがない。アラビア数字を用いる略体の表記法やローマ数字を用いる場合の違いについてだが、単複両方ぎっしり並んでいる。日付の書き方も正式なのがあるようだ。

数字の恐ろしさもさることながら、もっと魅力的な難物が最後にお目見えする。それは略語だ。cmとかhaのように国際的なのは、まあいいとしても、sが秒でs.がページあるいは誕生、tが時間でt.が「あるいは」となると初耳だ。KOPはカンサッリス・オサケ・パンッキという銀行で、ここにはお金を預けてあるから知っているし、SKSがスオマライセン・キルヤッリスーデン・セウラといってフィンランド文学協会であることも、学生はそこで本を割引きで買えるので知っている。しかし、MEが世界記録だとか、YMCAのことはNMKYということなど全く知らなかった。こういった略語が一面に所狭しと並んでいる。なかでも、意味もわからないのにKHTが何やらケスクスカウッパカマリン・ヒュヴァクシュマ・ティリンタルカスタヤの略だということを覚えるにいたっては、もう涙なしには語れない。

初めての試験は、十月に受けることにした。どんな問題が出るのか、皆目見当がつかない。すべてが暗記ものだから、繰り返し練習はしてみたのだけれど、本以外からの設問があったらもうお手上げだ。第一、問題文が理解できないってことだってありうる。ああ、やっぱり試験を受けるのは早すぎたのだろうか。

試験の前日、家で最後のまとめをやっていると、急に雪が降ってきた。勢いよく降ってきた。もちろんヘルシンキでは初雪だ。台所の窓から見ても雪が降っているし、自分の部屋から見てもそれは雪だった。東京生まれは、こんなことでも落着きを失ってしまう。もう「ケスクスカウッパカマリン……」の暗記どころではなくなった。

試験場に入ると、知らない人ばかり。その中で私は、どんな風に試験が始まるのかと、教壇のところにいる先生らしい人の動きを見ていた。荷物は座席に持って行かないように指示される。オピントキルヤと筆記用具だけを持って、名前が呼ばれるのを待つ。試験終了時間は一時十分。一斉に封筒を開く。問題用紙は二枚。一番は符号のついていない文に符号をつけ、必要なところを大文字にする問題。数字の略体と外来語についての設問がそれぞれ一つずつ。あとの問題はよく思い出せない。というのは、解答用紙と共に問題用紙も返却するきまりになっているからだ。なんとか書いてしばらく自分の答案を眺めていたが、いつまでそうしていても仕方がないと思い、試験場から出て来た。十一時ちょっとすぎだったと思う。

終わったのはいいが、どのくらいうまくいったのかわからない。全くできなかったというわけでもなかったし、すべてに自信をもって答えたというのでもない。落ち着いて考えてみると綴りの間違いに気づいたりする。結果は、先生の面接時間にききに行くことになっている。面接時間とはヴァスターンオットといって、週に一度、どの先生も一時間もっている。その時間には、必ず先生方が待機しているので、質問や用があるときは訪ねて行くか電話をかける。試験の次の週には、たいてい結果が出ているので、オピントキルヤを持って先生の部屋へ行く。私の試験の出題者は、エイラ・ハマライネン先生。中年のとても優しい女の先生で、丁寧に説明してから、

「よくできているので、二・五をあげましょう」

と言って、オピントキルヤに記入してくださった。

「どうもありがとう」

と言って部屋を出たが、この二・五というのがなんだかわからない。

アパートに帰って、隣の部屋の人にきいてみた。

「今日、初めての試験で二・五をもらったんだけど、大学でいちばんいいのは何点なの？」

「ヘルシンキ大学では一〇点だよ。二・五なんてだめなんじゃないの」

と、ヘルシンキ大学法学部を卒業したばかりのキンモが言う。キンモの言うことはいつもあてにならないから、次の日学食で他の人にきいてみた。

「一〇点がいちばんいい点だって聞いたんだけど、本当？」

「違うわよ。いちばんいいのは一〇〇点よ」

いったい誰の言うことを信じたらいいのだろう。

恥をしのんで先生に伺ってみることにした。

「試験は、一〇点満点だって言う人もいるし、一〇〇点満点だって言う人もいるけれど、この間の二・五っていうのは合格点だったんでしょうか」

先生はあきれた顔をして、

「まあ、何も知らないのねえ。もちろん合格だったのよ。私たちの科では三がいちばんいいのよ。大きく分けると三、二、一で、〈三〉〈三マイナス〉〈二・五〉はなかでも〈優〉だから、とてもいいのよ」

と、無知な小羊に説明してくださった。〈二・五〉の下は〈二プラス〉。続いて〈二〉〈二マイナス〉〈一・五〉〈一プラス〉〈一〉〈一マイナス〉というところまであるらしいが、〈二〉未満のとき、つまり日本でいう「可」を取ったときには、ほとんどの人が試験のやり直しをしている。

これでやっとわかった。私のは、すれすれのところで「優」にひっかかったのだ。試験を受けた本人が、「優」か「不可」かわからないのだから全く情けない。でも、「ケスクスカウッパカマリン」なんていう変テコリンな外国語で初めて試験を受けるのだから、こういった珍事もやむをえないのではないかしらと、少々大目に見ている。

外国で脳腫瘍

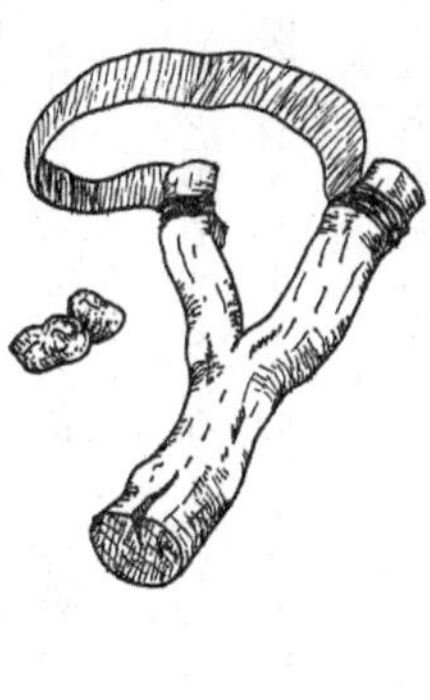

外国で一人暮らしをしていて、いちばんつらいのは病気になったときだ。まず心細い。世界一の不幸者になったような気がする。気持が沈んで、考えが望まぬ方向へと進む。私が外国で初めて病院へ行ったのは、今から五年前フィンランド滞在中だった。どんなに短期間の旅行でも、いくら気をつけていても、病気になるときはなるのだ。私のは物もらいだった。薬局で目薬を買おうと思ったら、病院へ行きなさいと言われ、電話で予約してプライベートの眼科へ行った。その頃はフィンランド語のフの字も知らなかったので、病院での会話は英語を使った。

診療室へ入るとまず、

「How do you do!」

と握手を求められ、互いに名乗り合う。私が事情を説明し、医者が患部を診る。医

者は、

「Oh, it's not good.」

と言って、机に戻り処方箋《しょほうせん》を書く。これで終わり。この短い英語劇は締めて五〇〇〇円也《なり》。全くみごとなほど何もしてくれない。日本の眼医者さんのような治療を期待して行ったのに、挨拶だけで終わってしまった。それに、「Oh, it's not good.」だって。good なら来るわけないじゃないのとブツブツ言いながら引き揚げて来た。

その次の試練は、あくる年の秋だったと思う。私は北ハーガの学生寮に住んでいた。四〇番と四一番のバスで学校に通った。朝晩決まって頭が痛くなる。それも、だんだんひどくなるような感じだ。持合せのセデスを飲んでも効果がない。バスを待っている時など特に痛い。頭が割れそうに痛い。なんだか普通の頭痛とは違うようだ。

「いったいどうしたのだろう。普通の頭痛でない頭の病気って何かしら。あっ、そうだ。もしかしたら……いや、違う。そんなはずない。よりによってこの私が。絶対違う。もうやめよう、こんなことを考えるのは」

やめようと思っても、頭痛は続く。病院へ行くのが一番に決まっている。わかっているが、その勇気がない。子供の頃テレビで観た外科医ベン・ケーシーの白衣姿が目の前にチラつくからだ。

「実際に医者から宣告されたら、どんな気がするだろう。手術ということになれば、やっぱり髪を剃《そ》ることになるのだろうか。いや、手術となったらすぐに家へ帰るべきだ。でも心配するから、家族にはまだ知らせないほうがいい」

　詳しく調べたくても医学書なんてどこにあるのかわからない。

「よし。病院へ行く前に友達に相談してみよう。C子さんなら三年もフィンランドに住んでいるから、何か力になってくれるかもしれない」

　こう思って、さっそくC子さんに相談した。

「この頃ね、すごく頭が痛いの。朝晩、なんていうか割れるように。薬飲んでも治らないし……バス待ってる時なんか特にひどいの」

「あなた帽子かぶってる?」

　とC子さん。私がウウンと首を横に振ると、

「だからよ。寒いから頭が痛くなるのよ。フィンランド人みんなかぶってるでしょ、帽子かネッカチーフみたいなの。これからもっと寒くなるから帽子は絶対必要よ」

　C子さんはいとも簡単に、私の頭痛の原因を分析してくれた。私はホッとしたと同時に、すっかり自分を悲劇の主人公に仕立て上げてしまった幼稚な少女趣味に、我ながらあきれてしまい、声高く笑って気恥ずかしさをまぎらわせた。

「あら、寒いからだったの。そうよね。たいていバス待ってる時なんだから。やだわ、あたしったら。すっかり脳腫瘍だと思っちゃって……」

これは笑い話で終わったからいいが、フィンランドでは、零下三〇度の日に帽子をかぶらずにオートバイに乗った少年が死んだというニュースもあった。

いくら自分が気をつけていても、防ぎようがないのが伝染病だ。こればかりはどうしようもない。これも北ハーガに住んでいた頃の話だが、隣室のヴェサ・リンタマキ君がなんと赤痢にかかった。ヴェサは団体旅行のキャンセル待ちでもして安い切符を手に入れたのか、ギリシャに行ってきた。どうやらそこで食べた何かがよくなかったらしい。ヴェサが、

「おなかが痛い。僕はプナタウティだ」

と言ったので、

「早く治るといいわね」

と、私ははじめあまり気にとめなかった。プナタウティが何か知らなかった。意味はわからないが、たぶんおなかが痛くなる病気の名前だろうと思っていた。論文を書く作業に疲れ、手を休めて外をぼんやり見ていると、ふとヴェサの病気のことを思い出した。

「プナタウティって何だろう。プナは、プナイネン（赤い）からきているし、タウティは病気。プナタウティ、つまり赤い病気。赤い病気ねえ……赤い病気……赤い病気……赤……赤……きゃあ！　赤痢だあ!!」

他人の病気にこんなにびっくりしたことはない。いくら医学知識に乏しい私でも、赤痢が恐い伝染病だということくらい知っている。それなのに、どうしてヴェサは病院に隔離されないで家にいるのだろう。私たちはトイレ、洗面所、台所を共同で使っているのだから、すぐにうつってしまう。ヴェサが部屋から出て来たので、さっそくきいてみた。

「プナタウティは伝染病なのに、どうして病院へ行かないの？　日本ではプナタウティにかかったら、すぐ隔離されるのよ。みんなにうつったらどうするの？」

と、病院行きを勧めたが、トイレを消毒しているからとか、病気が軽いからと言って、なんだかのがれようとしている。赤痢菌を持った人が身近にうろうろしているかと思うと、とうてい家で食事をする気になれない。

これは一大事と、私はいろいろな人にきいてみた。

「隣人がプナタウティなのに、入院しないのよ。フィンランドには、伝染病患者を隔離する法律はないの？」

これがまた驚いたことに、プナタウティを知らないフィンランド人が結構多い。全くなんていう国なんだろうと、その時はあきれた。そのうち、関係者全員が検便をしてマイナスという結果を得、ヴェサも回復して一件落着となるが、それにしてもどうして伝染しなかったのだろう。赤痢菌も北欧の厳しい寒さには勝てないのかしら。

それから、こんなこともあった。いつも自炊していたが、パン食が多くなり、たまには魚が食べたいと思うようになった。さっそくマーケットから買ってきて食べた。すると即、骨がのどにひっかかってしまったのだ。咳《せき》ばらいをしてもとれない。そのうちにとれるだろうと思って食べ続けたが、食事が終わってもとれた気配がない。唾《つば》を飲みこむと少し痛みがあり、骨が相当奥のほうにひっかかっているのがわかる。日本ではこういう時、ご飯のかたまりを噛まずに飲みこめばよいといわれるが、フィンランドではナッキレイパというおせんべいのように固いパンを食べるらしい。ご飯を飲みこむといってもご飯がない。その頃はお鍋《なべ》が一つという関係上、ご飯を炊くことはほとんどなかった。

まだ骨がとれない。そのうちとれるだろうと思ってほうっておいたが、もう三日もたつのに、まだとれない。口を大きく開けて鏡をのぞきこんでも、骨があるのは奥のほうだから見えるわけがない。唾を飲みこむと痛い。こうなると魚の骨とはいえ、ほうっておけない問題となる。

「何かよい方法はないかしら……たとえば、飲むとすぐに骨が溶けるというような薬があったら便利だろうなあ……おなかがすいてないのに、ご飯を炊く必要がないんだから……」

だいたいご飯を噛まずに飲みこむといっても、あれはどうもいけない。一回で骨がとれれば話は簡単で、年長者の教えはやはりありがたいものだ、めでたしめでたしとなるのだが、一回ですまない場合には、せっかく炊いたんだからと、自分が自分を追いつめることになって、気がついてみると相当量のご飯を嚙まずに飲みこんでいる。これは冷静に考えると異常な行為だ。一度でもこういう経験をすると、骨がすぐ溶ける名薬の出現を心から望むようになる。骨がすぐ溶ける薬なんて、我ながらなかなかの名案だと思う。が、ちょっと待って……人間の体の中にも骨があるわけだから、骨が溶ける薬を飲むとどうなるのだろう……ちょっとまずいようだ。人間の骨が溶けてしまう。そんな薬を飲んだら、魚の骨をとり出すことには成功しても、私の命がない。

外国で一人暮らしをしていると、こんなことを真剣に考えるようになる。今振り返ってみると、なんてばかげたことと感じるが、その時は人生の一大事だったのだ。

本当に病気で苦しんだこともあった。それも運悪く試験の前日。真夜中に急におなかが痛くなり、そして激しい下痢。あまりの痛さにしゃがみこんでしまうほどだった。すぐにおなかの薬と痛み止めを飲んだが、朝になっても治まらない。試験に行かなければならない。さあ困った。もちろん欠席することもできるが、学年末までに残された試験日の数と受けなくてはならない試験の数を考えると、どうしても今日をのがすわけにはいかない。頭が朦朧《もうろう》としている。冬は九時にならないと夜が明けないから、外はまだまだ暗闇。やっとのことで試験場に着き、頭がはっきりしないまま、とにかく試験を受けた。午後は二つ授業がある。

大学の構内には医務室のようなものはないので、教室で休んでいた。すると、アンナが早めに入って来て、私がつらそうにしているのを見て言った。

「ミハル、顔色がとても悪いわよ。帰って寝たほうがいいわ。そういう時はゆっくり休まなくちゃだめよ」

授業を休みたくない一心で我慢していたけれど、もう無理だと思い、アンナの言うとおり帰ることにした。でもどうしても、もう一つの授業「フィンランド語の構造と発達」には出たかった。それには家まで帰っていたら間に合わないと思い、大学から近い所に住んでいる友達の家で休ませてもらうことにした。二時間ほどぐっすり眠り、また大学に戻った。

少しは楽になったので、ノートをとることができたけれど、授業が終わった時には相当高い熱があり、先生もクラスのみんなも心配してくれた。テッレルヴォおばさんが、夜もやっているハカニエミの病院に電話で予約し、ハッリがついて来てくれることになった。

五五番のバスに乗って病院に着くと、出て来たのは男のお医者さん。例のごとくまた握手から始まる。急病やひどい痛みのあるときなど、改まって挨拶などしてないで、すぐになんとかしてもらえないものだろうか。

フィンランド語で自分の症状を正確に伝えられる自信など全くなかったが、そうかといって英語でもできそうになかったので、結局フィンランド語で、夜中に何が起こったかとそれからの経過を説明した。高熱で頭が朦朧としている時に、外国語を操るのは容易でない。それなのに、お医者さんは全く無駄な質問をする。どうやら彼は、私の病気より、私がフィンランドで何をしているかのほうに興味があるらしい。どんなきっかけでフィンランドへ来たか、どのくらいフィンランド語を勉強しているか、将来その勉強をどう役立てるか、と質問が続く。一応はおなかを押したりしているが、日本のどこから来たか、東京の冬はどんなか、フィンランドの冬は寒いからびっくりしただろう、ワッハッハとなると、いくらおとなしい私でも、病気でなかったら、こんな男には真空飛び膝蹴《ひざげ》りをぶちかましてやるのだが……と思うようになる。

診察の結果は、腹痛を伴うインフルエンザ。私は処方箋《しょほうせん》を受け取ると、逃げるようにして診察室を出た。廊下で待っていてくれたハッリが、たまたま一〇〇マルッカ札を持っていたので、病院と薬局の支払いができた。公立の病院へ行けばもっとずっと安いのだが、診察が受けられるまでにずいぶん待つようだ。急病、それも夜となると、今回のようにプライベートの病院に駆けこまざるをえない。

ハカニエミの病院はもうこりごりだと思ったが、何のご縁か、次の冬もまた行くことになった。これも朝方の激しい腹痛から始まる。腹痛といっても、今までに経験したことのない種類のもので、胴体の前面が広範囲にわたって痛かった。痛くてまっすぐに立てない。病院には懲《こ》りていたので、なんとか自分で治そうとした。前のように、おなかの痛くなる風邪だろうと思った。薄着で雪かきをしてゾクッとしたこともあったし、十二月六日の独立記念日のパーティでは、台所の窓が三センチぐらい開いていたような気がする。とりあえず、風邪とおなかの薬を飲んだ。

　十二月十日で前期の授業が終わり、その後はどの科目も試験がある。エストニア語の試験が目前に迫っていた。薬を飲み続けても試験までに治らず、おなかをさすりながらエストニア語の試験を受けた。週末にはもっとひどくなり、痛みが頂点に達した。おなか全体の痛みが右側に集中してきたようだ。M子さんに電話して、『家庭の医学』を調べてもらったところ、私の症状は慢性盲腸炎に似ているという。これは困った。もう立てないどころか、横になっていても苦しい。

　隣のおばさんが、夜になると、具合はどうか心配して訪ねてきてくれる。食事の用意ができないのを察して、パイを温め、お茶を入れてくれる。せっかくだけど、とても食べる気になれない。もし盲腸だったら、手遅れになると大変だから、やはり病院へ行かなくてはならない。大学の保健センターに行けば三マルッカで診察を受けられる。でも週末はやってない。ああ、またもやハカニエミの病院だ。

　今度はどんなお医者さんだろう。よく診察してくれなくては困る。なにしろ盲腸の疑いがあるんだから。そうだ。白血球の検査だけはどうしてもやってもらおう。ベッドでこう決めると、這《は》うようにして机のところまで行き、左手でおなかを押さえながら、右手で辞書を引く。まず和英で白血球。white blood corpuscle と出ている。次に英フィン辞典で引く。出てない。フィン英辞典は大きいのがあるが、英フィンは小さいのしか家にない。さあどうしよう。よく見ると、英語と日本語はだいたい同じような言い方だから、フィンランド語でももしかしたらこれに近いのではないだろうか。もう仕方がない。予約の時間が迫ってきたので行くしかない。

女の先生だった。診察室に入るとすぐ私は、

「ウンピスオリかもしれないので、血の中の白いほうを調べてほしい」

と言った。その先生は大変良心的で、丁寧に診察し検査もできるだけたくさんやってくれた。廊下で待っていると、また診察室へ呼ばれた。盲腸ではなく、腹痛だけの症状だったが膀胱《ぼうこう》炎と診断された。薬を飲んで、なにしろ暖かい恰好をしていればすぐによくなるという。診察料と薬代で二〇〇マルッカ（約一万二〇〇〇円）もとられてしまった。次の診察の予約もしたが、薬を飲んだら徐々に痛みも治まってきたので、

「明日予約してあるけど、もう大丈夫そうだからやめるわ。また高くつくから」

と知合いに話したところ、

「予約しておいて連絡なしにキャンセルすると、一〇〇マルッカ近くとられるみたい

よ」

と言う。すぐにキャンセルの電話をした。聞いておいてよかったとつくづく思った。薬を飲んで完全に痛みは消えたが、自分で治そうと、風邪薬を飲むという見当はずれな自己流の治療をして、痛みが頂点に達するまで長いこと我慢してしまったので、痛みがなくなっても体が憔悴《しょうすい》しきってしまって、とてもではないけれど試験勉強をするようなエネルギーはどこからも出てこない。結局その学期末は、おなかをさすりながら受けたエストニア語の試験だけで終わってしまった。試験だけでなく、前から予約していたロンドン行きもやめようかと思うくらい、体がまいってしまった。立てないほど激しい痛みがあるときに、左手でおなかを押さえて右手で辞書を引く。尋常ではない。

もちろん何かあった時に助けてくれる人は、隣のおばさんはじめ、大学の友達や日本人の知合いなどたくさんいる。でも医者に症状を訴えることは自分しかできない。もうこんなことはたくさんだと思った。

それからは、恰好かまわずなにしろたくさん着るようにした。一月、二月、フィンランド中にテキサス型インフルエンザが猛威をふるった。新聞に死者が報じられるほど、その勢いはすごかった。大学でも端から先生方が倒れ、次々に休講となった。このようにテキサス型が大流行するなかで、私はうつるまいと完全武装し、どうにか最終試験まで無病息災で切り抜けた。気力で病気にならずにすむこともある。しかし、気候の全く違う外国では、気力だけでは病気を防げないこともある。

音声学

フィンランド語には一三の子音音素d・h・j・k・l・m・n・ŋ・p・r・s・t・vと、八つの母音音素a・o・u・e・i・y・ä・öがある。テキストの中の子音対母音の頻出度が九六対一〇〇だから、相当母音が多いことになる。つまり日本人は、比較的容易にフィンランド語を発音できる。英語のように気どって言わなくてすむから、発音の面では大変なじみやすい。

母音が多いせいで、時々デタラメな日本語に聞こえることもある。友達が、

「フィンランド語ってどんな言葉なの？　ちょっと何か言ってみて」

と言うとき、私はいつも知合いのフィンランド人の名前を二、三言うことにしている。それだけで大爆笑になるほど、愉快なデタラメに聞こえる。今私がフィンランド語を教えているMさんなどは、私の模範朗読を聞いて笑いが止まらなくなり、笑《わら》い茸《だけ》

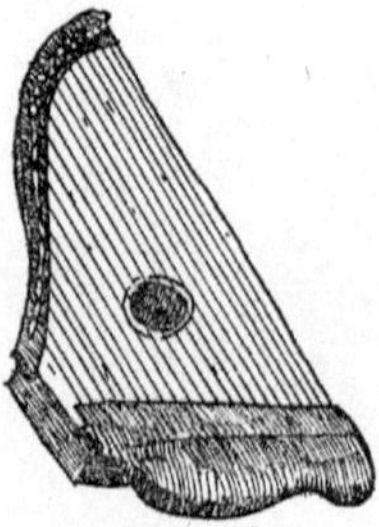

カンテレ・フィンランドの楽器

でも食べたかのように、教科書を投げ捨てて笑いころげてしまったことがある。
デタラメどころか、ほとんど日本語と同じ発音の言葉も少なくない。たとえば、目―me《メ》（私たち）、手―te《テ》（あなたたち）、再来年―salainen《サライネン》（秘密の）、乱視―länsi《ランシ》（西）、禁句―kinkku《キンック》（ハム）、鳥―tori《トリ》（市場）、左派―saha《サハ》（のこぎり）、手段―sydän《シュダン》（心臓）、老婆―rouva《ロウヴァ》（既婚女性の敬称）と、書き出したらきりがない。それから、フィンランドの偉い人には決して「閣下」と言ってはいけない。なぜならフィンランド語でkakka《カッカ》は排泄物のことだから。こういう比較言語学をやっている時は楽しいけれど、音声学となると、なんのことだかさっぱりわからない。扱う材料が小さすぎるから、フィンランド人の耳を持っていない私には、かなり難しく感じられる。

　一九七八年の秋学期に、初めて外国人学生のための音声学が開講され、担当の先生はアンネリ・リエコさんだった。若くてかわいらしい先生で、外国人に教えるのは初めてだからと言って、学生一人ずつに自己紹介も兼ねてフィンランド語歴を話させた。みんなの話を聞いてみると、もう何年もフィンランドに住んでいる人とか、母国で言語学を専攻していて留学に来たとか、かなりできる人ばかりだ。私のように、たった半年フィンランドにいただけ、というような人はいない。みんな言語学者の卵のような人ばかり。

　まず困ったのは、私の頭の中には子音の概念すらなかったことだ。日本語では、子音＋母音＝文字となっているので、子音だけとり出して考えたことなどそれまではなかった。有声音、無声音の別から発音して確かめてみないとわからなかった。日本人はフィンランド語の発音がうまいといっても、もちろん日本語にない音は難しい。たとえばä・ö・yの前舌母音やRとLの区別。私はいまだに自分のRに自信がもてない。巻き舌がどうしてもうまくいかないのだ。

あれはたしか音声学の講義が始まってすぐの頃だったと思うが、Rの練習をすることになった。みんなで一緒にやっているうちはよかったが、先生が、

「では、一人ずつやってみましょう」

と言いだした時には、荷物をまとめて日本に帰ろうかと思った。さあ困った、どうしよう。順番に、アルルルルルルルルルルルルルル、アルルルルルルルル、アルルルルルルルルルルルルルと、ついに私のところまで来てしまった。アルくらいは言えても、アルルルルルルルルとは続かない。潔く、

「できません」

と降参した。すると、アンネリ・リエコさんはにこにこしながら、

「そうね、難しいわね。うちには三歳の娘がいるけど、今年の夏やっとできるようになったのよ」

と言うだけで、特に強制しなかった。

結局Rができないのは、クラスで私だけだった。なかには、アルルルと、息をひきとるまで続けられそうな芸達者がいて、私はこれからのフィンランド語学習がどうなるかと思うと、ますます自信をなくすばかりだった。

ある先生は、Dの口をして、おなかに力を入れればいいという。私の場合、Dの口をして始めると、最後までDだ。他の先生にきくと、

「もう無理だよ。子供の時にやっておかないと。大人になってからではちょっとね。でもTと一緒に練習すれば少しはよくなるかもしれない。tr, tr, tr, tr ってね。Rだけでは難しくても metri《メトリ》（メートル）なんかはうまくいくんじゃないかな……」

ということだ。できないながらも、Rが出てくるたびにLにならないよう工夫してみた。

Rのためにずいぶんエネルギーを費やした。努力が実ってなんとかなるようになったが、時には実りすぎてLまでRになってしまう。さらに、日本語の発音にまで影響を及ぼすこともあった。家から送ってきた小包を開けると、

「あっ、とろろろろろろこんぶが入ってる！」

という具合に、山の手のお育ちである私も急に勇ましくなる。フィンランド語を始

めた頃と全く同じようにRを言っているつもりでも、やはり長くいると正しく言えるようになるらしい。その反対に、使わなければまただめになる。一度夏休みに家に帰ったことがあったが、二ヵ月半後にヘルシンキに戻ると、その時も全くいつもと同じに発音しているはずなのに、うまくいかなかったことがある。発音とは、相当微妙なものらしい。

ジャネットが会話と発音の試験を受けた時、先生から、

「とても上手だけど、あなたのLはフィンランド語のLより暗い感じね」

と言われたそうだ。私のようなLとRの区別さえつかない耳には、どんなLと言われてもわかるわけがない。暗い感じのL……こういう神秘的な評語を理解するために、どうやら音声学というのが必要らしい。

長いこと外国人に教えている先生方は、なに人が何ができないかよくのみこんでいて、それぞれに合った練習を考えてくださる。早口言葉をやった時などは、LとRが代わりばんこに出てくるのが、まず私にあたった。kirkon《キルコン》 peräpilari《ペラピラリ》 を速く何度も言いなさいという。Rがたくさん出てくるのは、フランス人がやることになった。

Ärrän《アッラン》 kierrän《キエッラン》 ympäri《ユンパリ》 orren《オッレン》, ässän《アッサン》 pistän《ピスタン》 pussiin《プッシーン》.

フランス人のRも、すっかりお国訛《くになま》りが出てしまうので、場内大爆笑となる。

Rで悩むフランス人や私に向かって、スウェーデン人のルーツがこう言った。

「Rはねえ、難しいのよ。私の苗字はForsström っていうんだけど、疲れているときなんかしっかり言えないもんだから、電話なんかだと聞き直されるのよ。外国語なんだから、できなくってもかまわないじゃない」

外国語だからかまわないといっても、その外国語を話している国にいるんだから、なんとかマスターしたいと思うのは当然だ。

ずっとずっと昔、LとRの区別がつかないで大失敗したことがある。相手は私のluokka《ルオッカ》（クラス）について聞きたかったのに、私はruoka《ルオカ》（食物）だと思って、「お米を食べ緑茶を飲み」と説明を始めたところ、相手は何も言わなくなったので、さては興味深く静聴しているなと判断して、私はえんえんと日本の食生活について話した。

音声学というのは、記号論と解剖学を混ぜ合わせたようなものだ。フィン・ウゴル諸語には独自の表記法があって、文字の右上にチョンだの、真下にチョンチョンだの、説明書二冊にわたる規則を覚えなくてはならない。呼吸や発音の仕組みを解明するには、どうしても部分の名称を解剖学の専門用語で表現しなければ伝わらない。その専門用語でも、ラテン語からの外来語とフィンランド語の両方を暗記しなくてはならないので、大変な量になる。

音声学のことはフィンランド語でフォネティーッカというが、みんなフォネティーッカは面白くないからきらいだと言っていた。私も初めに例のアルルルルルでつまずいていたから、授業が好きになれず、試験を受けるのは半年も先にのばした。ジャネットは試験を二度受けたにもかかわらず、二度目のほうが点が悪かったので、もううんざりしてしまい、

「フォネティーッカなんて何点でもいいから、もうやめる」

と学食でわめいていた。きらいといっても、やはりやっただけのことはあって、音声学が終わる頃には注意して発音するようになっていたので、少なくともフィンランド人の名前はすらすらと出てきた。サンパ・ラハデンペラもピルッコ・シルヴェンノイネンもどんと来い、といった感じだった。フィンランド人はよかったが、その他の国の人の名前となると、まだまだ困難は多々あった。

ポーランド人のグジェゴシュという男の子がいた。一度教室で隣り合わせに座って以来、会うと必ずにこにこして、

「Hei《ヘイ》, Miharu《ミハル》!」

と言う。私も、

「ヘイ、グジェゴシュ！」

とやりたいところだが、名前がどうしても出てこない。グジュグジュだったかゴジョゴジョだったか、わからなくなる。あまり頻繁に大学で顔を合わせるものだから、

これはなんとかしなければいけないと思い、紙に名前を書いてもらった。グジェゴシュは将来、大学で音声学の先生になりたいという希望をもっているので、丁寧に発音記号まで書いてくれた上に、どういう時に有声音になるか、無声音になるか説明してくれた。家に帰ってさっそく紙を見ながら覚えようとしたが、紙を見ていると、なおさらわからなくなる。GRZEGORZ 八文字のうち六文字までが子音だ。こんなに子音が並んでいては、口をどう動かしていいのやらわからない。やっと言えるようになった頃、グジェゴシュの友人でクシシュトフというのが登場する。KRZYSZTOF また時間がかかるじゃないの、もう……と、母音愛好家の私はポーランド語を憎んだ。

千野栄一《ちのえいいち》さんの本『言語学のたのしみ』（大修館書店）に、世界でいちばん子音の多い言語の話が出てくる。それはウビフ語といって、ソビエト領である黒海《こっかい》の東岸に住むウビフ人の言語だそうだ。ウビフ語には、なんと八〇も子音があるという。そして母音はたったの二つ。つまり、ウビフ語は世界でいちばん子音の多い言語であると同時に、世界でいちばん母音の少ない言語でもあるわけだ。こんなに子音が多いウビフ語とは、いったいどんな風に口を動かして発音するんだろう。ああよかった、私はフィンランド語で、とつくづく思った。

フランス語が美しい言葉であるとはよく言われることだし、私も異論はない。フランスの恋愛映画などは、聴覚を刺激するあの快いフランス語の響きが、大きな役割を

果たしている。恋愛映画でなくとも、私はフランス語を聞くと、
「あっ、愛を語っているにちがいない」
と思ったりする。さて、フィンランド語はどうだろう。愛を語るにふさわしい言葉だろうか。これはいちばん興味のある大問題なのだけれど、残念ながら私は否定的な見解を発表せざるをえない。

フィンランドでは、人に会うと「ヘィ」と言い、別れる時は「ヘイヘィ」と言う。老若男女を問わず略式の挨拶はこれだ。私ははじめ、年配の紳士が「ヘイヘィ」と言って帰って行くのを見て、「何だ、あれは？」と開いた口がふさがらなかった。外国語といっても、脳はすべて母語の音で美しさ、快さを判断するから、時々デタラメな日本語に聞こえるフィンランド語で愛を語られたらどうだろう。

恋人どうし手に手をとって湖のほとりにたたずむ。森の静かさが、二人の影を優しくつつむ。眼と眼を見つめあい……次の瞬間に発せられる言葉が、デタラメに聞こえたらどうなるだろう。でもまあこれは、私のフィンランド語学習がまだまだ足りないことを意味しているのであって、きっとバイリンガルのようにできたら、音に感情が即、反応するようになるのだろう。そういえば、熱心に勉強していたときは、フィンランド語が快く聞こえたこともあった。

美術史の図書館は、人も少なくこぢんまりしているので、落ち着いて本が読める。

空き時間にはそこで宿題をしたり、疲れるとまわりにある石膏《せっこう》をデッサンして遊べる。その図書館に決まって毎日現われるのが貴公子ペルッティ君だった。彫りの深いマスク、躍動感みなぎる若い肢体は、どこから見ても鑑賞にたえる美しさを備えていた。まるで映画のスクリーンから飛び出してきたようなハンサムぶりだった。一挙手一投足すべてがいいのだ。彼が朝、「ヘイ」と言うと、

「なんと美しいこの響き！」

と、感動したほどだった。こういうことを言うと、だから女はいやだと男たちは言う。ごもっともだと、私も思う。

北おーってどーお？

ブランコ

北欧にはノルウェー、デンマーク、スウェーデン、フィンランドがあり、それらの首都はオスロ、コペンハーゲン、ストックホルム、ヘルシンキだ。これは誰もが知っている簡単な知識のように思いがちだが、実はそうでもない。

「あなたフィンランドに住んでたんですって？　首都にいたの？　オスロってきれいなところでしょうねえ」

と、組合せをとり違えている人が結構多い。これなどはまだいいほうで、私がフィンランドでなく、フィリピンに住んでいたと信じきっている人もいる。もっとひどい人は、

「まあ、お帰りなさい。どうでした？　ニュージーランドは」

と、全く予期できない質問を発する。ここではっきりしておきたいが、フィンラン

ド、ニュージーランド、よみうりランドは、それぞれ別のものだ。
もちろん無理もない。遠い北極圏に位置する国のことなんか、誰も知るはずがない。私だって行く前は、森と湖があるってことくらいしか知らなかった。今、日本にいる交換留学生のハンニは、フィンランドに石鹸はあるかときかれてびっくりしたという。いくら国際化社会といっても、情報がないということはこういうことだ。

娯楽が少ないヘルシンキの生活では、友達からの手紙が何よりの楽しみだった。日本の家族や友人からの便り、外国からの絵はがき、今整理してみると数百通ある。大げさでなく、本当に重いほどある。最初の頃はみんなから素朴な質問が寄せられた。たとえばK君。

「北欧の大寒波のニュースは、昨年の暮れ頃から日本の新聞でもとり上げられ、私もうわさに聞いておりましたが、やはり寒いんでしょうね、フィンランドに冷蔵庫ってあるんでしょうか？」

A子ちゃんは、「こんなかっこをしてるに違いないと私はフンどるんじゃが……」と、体をぐるぐる巻きにして目だけ出している魔法使いのようなイラスト入りで、

「そちらはお正月ってものをどういう風に過ごすのでしょう？　おししなんか来るのかな、それともそれに代わる妖精《ようせい》などが飛びまわったりするのでしょうか。知識が貧困な私にとってフィンランドなど、童話の上でしか存在いたしません」

ですって。

O君の手紙によると、

「ところで、稲垣さんがいかなる使命をおびてサンタクロースの出そうな国まで出かけたかが、我々の間でひとしきり話題になりました。真相は何なのですか？」

と、御徒町《おかちまち》あたりの酒場で、私をサカナにみんなで飲んでいるらしいことがわかる。

私の住所は時々変わった。アンッティコルピンティエにいたこともあったし、ヴァットゥニエメンカトゥにいたこともあったし、ライヴリンカトゥにも住んでいた。

「なんや住所がさっぱりわけのわからない言葉で、いったいどこで区切るべきか、つなげてもよいものかとても悩んだ末、どうにもなることなく結局、そっくりそのまま書くことにしました」

と、だいぶみんなに苦労をかけたらしい。Tさんなどは、外国へ手紙を出すのが初めてなので、間違えないように住所を念入りに書いたのに、戻って来てしまったという。住所にすっかり力を注いでしまい、名前をケロッと忘れたらしい。

後輩のS君のように、

「こちらもなかなか楽しく過ごしています。まあ難を言えば、稲垣さんにお会いできないことくらいでしょうか」

と、おみやげほしさに歯の浮くようなことを言う人もいれば、わざわざ使い捨てカイロを送ってくれたり、インスタント味噌汁を同封してくれる人もいる。相撲好きだからといって「大相撲」という雑誌を送ってくれるのはうれしいのだが、必ず試験の直前に着くからいつも落ち着かなかった。家族からの手紙には、いつも姪や甥の成長の様子が書かれていて、七五三や幼稚園の七夕祭の写真が入っていた。剽軽者《ひょうきんもの》の姪が、学芸会で泥棒の奥さんを演じている写真などは、ケラケラ笑いながら見たのを思い出す。

私の他にも、外国語で苦労している人たちがいた。

「日本に居ると北欧のことなど想像もできません。フィンランド語というのも全然想像できません。多分ドイツ語の一種だと思うのですが違いますか。今年はロシア語を少しカジっているのですが、変化が複雑で気が狂いそうになります」

と０君。

「濃霧のオルリーに着いてから、はや六日。慣れたような慣れないような。体調はよいけれど言葉が通ぜず、いささか先行きが不安です。下層労働者はよいのだけれど、インテリチックな人と話すのは無理みたい」

と心細そうなのは、早稲田の博士課程からフランス経済史を勉強に行ったK子さん。

日本にいても、

「フィンランド語の勉強は進んでいるでしょうか。根気よくマスターして下さい。私も十二月からアメリカ人のワイルダー先生について米語をかじっています」

と、はりきるE子さん。

女性一人で西サモアに渡り、ひたすら蚊の研究に励む中学高校時代の親友Iさんも、

「あしたもまた、Good morning から始まる。アーテリブルテリブル」

と、現地報告を寄せてくれた。その後も、

「フィンランド語をガンガンやっておられる由、大変結構と存じます。私も大変元気です。ガンガンやってませんが」

と、マイペースな進度を伝えてくれた。

外国語とは全く関係ないT子ちゃんも、

「夜はTVばかり見ています。今なんか『オールスターものまね合戦』みてるもんね、みたいだろう。フィンランド語が上達したとのこと、creative な生活を送っているようで、私としてはまったく反省しなければなりません」

と、これから燃える意気ごみだ。

ほとんどの手紙は近況報告だった。

「今年もジュリーにレコード大賞をさらわれそうです」

と、芸能情報を担当してくれるK子さんもいれば、ローマで念願のマンズー氏に会うことができ、作品を最上級の言葉でほめてもらったという彫刻家の卵Nさんもいる。

西サモアのIさんは、トンガに散歩中といって木の皮をはいだようなクリスマスカードを送ってくるし、ロンドンM社勤務のY子さんは、ケニヤから暑くて暑くてという年賀状を送ってきた。アメリカにいるT君は、ダウンタウンで夜暴漢に追いかけられることもあるが、自転車に乗って元気いっぱいらしい。K君はインド大使館主催のインド文化エッセイコンテストで三等になったし、Y子ちゃんは芸大声楽科首席卒業と、みんな華々しい活躍ぶりだ。

バレエの先生も、

「お稽古帰りに代々木を通ると、いつも美晴のことを思います」

と、覚えていてくださるし、ピアノの先生も、

「想像するだけで、こんな年寄りをわくわくさせてしまうような素晴らしい生き方をなさる貴女《あなた》に、心から拍手を送るおもいです」

と、おっしゃってくださる。芸大生の頃、一度彫刻のモデルになっていただいた東工大の穐山《あきやま》先生からも、思いがけずお便りを頂戴し、

「お勉強中の由うれしく思います。勉強中の女性が最も美しいというゲーテの言葉に同感です」

というお言葉を、なんともくすぐったい気持で拝見したものだった。

私の友達のなかで一番の豪傑H子さんの逞《たくま》しい生命力にはいつも感心し、励まされ

ていた。たとえば、

「こちらは今日は『全員が不快と感じる』不快指数79でした。でも私は愉快でした」

と、相変わらず不死身のようだし、

「鎌倉に泊まりがけで調査に行ったのですが、私はその宿でまたも大酒をくらってしまい、大騒ぎして皆を圧倒しました」

となると、周囲の人が気の毒でならない。

いつも楽しい手紙ばかりとはかぎらない。なんだか心配になってくるものもある。U君からの手紙がそうだ。

「元気にやっとりますか。ぼくは会社やめてしまって無職になっちゃいました。そんでもって二月にはインドへいこーと思ってます。どんくらいあっちに居るかはまだきめてません。あっちについてからきめよーと思ってんのね、これが。北おーってどーお?」

こういう手紙をもらうと二つのことが気がかりになってくる。彼の将来についてと日本の国語教育についてだ。

日本が「暑いのなんのって、もうメチャ暑です」という時には、フィンランドにいてよかったと思ったが、誰かがヨーロッパ旅行に出発すると聞くと、なんとも羨《うらや》ましい限りだった。生活しているのと旅行をするのとは全く違う。お正月に一六万人が海外旅行というニュースを聞いた時は、なんてもったいないことをするのだろうと理解に苦しんだ。いちばん日本らしいよさを味わえるお正月に、帰りたくても帰れない日本人が、海外にはたくさんいることを、誰か気づいているかしらと、特別な催し物のないヘルシンキで考えたりもした。そういう日本人のために、NHK紅白歌合戦のビデオが送られてくるのは、私は行かなかったけれども、毎年春らしい。

フィンランド滞在中はずっと学生だったので、私が見たり聞いたり経験したりしたことの量と範囲はおのずから限られる。大学生活が主だった。フィンランドでは、大学の存在そのものが、日本とは全く違う。

いちばんびっくりしたのは、九月の始業式の日に新聞が一面すべてを「大学は何をすべきか」のテーマにあてたときだった。大学が学問の場であることはどの国でも同じだが、日本のように大学へ行くのが当り前になってくると、もう大学の意味を問うことはしない。いつだったか、試験期間中にフィンランド人がカンニングをして、すぐ大学から追放された。フィンランドでは信頼の原則があって、それを破る者は学問の場にはふさわしくないのだ。日本の大学職員が入試に不正をしたというニュースをヘルシンキで知って、私は心を痛めた。どうして日本ではこういうことがあるのかときかれて、私はなんと答えていいかわからなかった。

何度も出会う質問のなかに、

「北欧はフリーセックスなんでしょう?」

というのがある。

この質問には、いつも答えるのに苦労する。だいたいフリーセックスというのがどういうことを意味するのかよくわからないし、答えられるほど他人の私生活をつぶさに研究していたわけでもない。まあ、見聞きしたことを総合し、印象をまとめると次のようになるだろうか。

フィンランドには性を抑えるものは何もない。これはだめ、あれはだめと上から力を加えないから何もゆがんでいない。ごく自然だ。街の中にも特別刺激的、衝撃的なものはない。日本のほうがよほど毒々しくてドギついくらいだ。人間には性・食・睡眠の三大欲望があるといわれるが、日本ではこのなかの性だけをかなり特別なものとしてとり上げているように思われる。性が解放されている国の人が日本の論争を聞いたら、

「睡眠とはいったい何だろう? あの映画では主人公が一〇時間眠るが、あれはちょっとやり過ぎではないか。八時間に修正すべきだ。電車で眠っている人がいるが、人前で眠るなんてワイセツだ」

というくらい滑稽なのではないだろうか。

性が解放されている国といっても、世代の差はやはりあるようだ。お年寄りは、結

婚、離婚を繰り返していくような今の若い人たちの生き方がわからないと言っている。実際、離婚が多い。都市の離婚率は高いが、その中でもヘルシンキがNo.1だという。日本でも四分に一組みが離婚するそうだが、人口が全く違うので比べようがない。一度Aさんご夫妻の通訳をしていて離婚の話題が出た時、Aさんは、

「そんなに離婚が多くては、夫婦の味なんて出てこないでしょうねえ」

とおっしゃっていた。私は、素直でねばり強いフィンランド人の性格は、すぐにわかって好きになったのだが、男女の結びつきがどうなっているかは、とうとう最後までわからなかった。

性が解放されていれば、誰もがすてきな恋人といつも楽しく過ごしているかというと、決してそうではない。モテない人はやはりモテない。一度テレビでもとり上げられるほど社会問題になったことがある。それは、女性が一人で部屋を探しているという新聞広告を出すと、相当な数のわけのわからない電話がかかってくるという現象だ。私のときもそうだった。家賃なしで部屋を提供するという。しかし一つ条件つき、とか。今すぐどこどこへ来てほしいとか。幸い、その頃には言葉の裏のすべてを見通せるほどフィンランド語がわかっていたので、罠にかからずにすんだ。

もう一つは同性愛の問題。ヘルシンキを引き揚げる直前に知ってびっくりしたことだが、私が最後に住んでいたアパートの周囲には同性愛者が多かったという。友人の

紹介で洗濯機を使わせてもらっていた家も、男の二人住まいだった。誰かが、少し前までフィンランドには同性愛を禁じる法律があったと言っていた。結構保守的で、まだまだ同性愛は市民権を獲得できないらしい。

コペンハーゲンやストックホルムに見られるようなポルノ通りというのが、ヘルシンキにはない。そういうもので一儲けしようというような商魂逞しさは、フィンランド人にはないようだ。フィンランドでは、性については特に何もないというのが、私の印象といえば印象だ。時には男も女もないような感じさえ受けた。他の外国のことはよくわからないけれども、ヨーロッパでももっと南のほうだったら、かけひきだの何だのと男女の間がもっとドラマチックなのではないかという気がする。

ある友人がこんなことを言った。

「あなたはフィンランドでモテたでしょうね。なにしろ金髪の中に黒髪が一人なんだから。東洋の神秘が来たと言って、フィンランド人は目を白黒させて、いや、フィンランド人だから目を白青させてとでも言うんでしょうか、びっくりしたでしょうねえ」

なにしろ「目を白黒させて」という表現のない遠い国のことだから、いくら黒髪でも目が黒くても、所詮《しょせん》、動く人形くらいにしか受けとめられなかったのではないかしら……。

英語からフィンランド語への翻訳

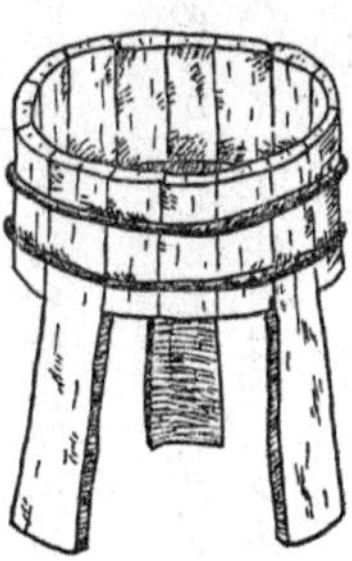

外国語から母語への翻訳、母語から外国語への翻訳、どちらも難しいが、もっとやっかいなものがある。それは外国語から外国語への翻訳だ。フィンランド語と文化のアプロバチュールでは、フィンランド語への翻訳が必修単位となっている。その頃外国人コースを教えていた先生は三人で、その先生方ができる言語なら何語からの翻訳でもよかった。たとえば、ポーランド人のアンナはポーランド語からフィンランド語への翻訳試験を受けたし、ハンガリー人のマリアはハンガリー語から、スウェーデン人のルーツはスウェーデン語から、ラバはフランス語からというように。

残念ながら日本人は母語からの試験が受けられない。他の何語からでもと言われても、そんなによくできる外国語があるわけではないので、仕方なく長年学校でやった英語を選ぶはめになる。文学作品を訳すのとは違って、わかりやすい文章が多いが、時には英語のテキストを読む段階ですでに頭痛が始まる。そうなると、英和辞典、和英辞典が本棚から躍り出し、続いて英フィン辞典、フィン英辞典が仲間に入る。ただでさえ教科書、ノート、プリント、筆記用具とごった返した机の上が、さらににぎやかになる。

　翻訳は必修といっても、翻訳練習のクラスへの出席は自由だったので、何度か練習して早めに試験を受けて、余った時間は他の科目に費やそうと初めは軽く考えていた。

「今度、翻訳の試験を受けようと思うの」

と、マリアに話したところ、

「翻訳は気をつけたほうがいいわよ。誰もいい点とれる人いないのよ。私もこの間やってみたけど〈一〉だったの。オランダ人のアグネス知ってるでしょう？　七年もフィンランドに住んでいて、あれだけ語彙《ごい》が豊富なのに、やっぱりだめだったらしいわ。一回でうまくいく人いないみたい。私もまたやり直し。あなたもがんばってね」

と言って、翻訳の練習問題をもらいに行くらしく、彼女は先生方の控え室のほうへ急いで行った。

　そんなに難しいのだったら、もっと練習する必要があるかしらと思い、翻訳練習のクラスの後、ハンネレ先生にきいてみることにした。ハンネレ先生とは、ハンネレ・ヨンソン・コルホラという名の三〇代の女の先生で、外国人に教えるのに慣れているから気軽に相談できる。学生は皆、先生のことを名前で呼ぶ。もちろん敬称はぬきだ。エイラ・ハマライネン先生のことはエイラ。オッリ・ヌーティネン先生のことはオッリと。こういうことは日本の大学ではまず考えられない。大学の先生に向かって、

「ねえ正男《まさお》、質問があるんだけど……」

などと言おうものなら、次の日から大学へ来ることは許されない。翻訳のクラスで一緒だった北海道大学言語学科出身のN子さんは、大変礼儀正しい人で、

「先生のこと呼び捨てにするの、なんだか悪いみたい」

と言っていた。少なくとも外国人コースの先生方と私たちとはごく親しい関係だったので、ハンネレ先生とは言わず、ここでもやはりハンネレと呼ぶことにする。

ハンネレの練習のクラスというのは、英語からフィンランド語への翻訳練習で、授業時間には前回提出して先生がチェックした各々の訳文を比較しながら、よりよい訳文を検討し、最後に宿題用のテキストが配られる。テキストの内容はフィンランドに関係したものが多かった。たとえば、主として食物を紹介した「フィンランドへようこそ」とか、スポーツ、福祉、教育、文化一般に触れている「土地と人々」とか。フィンランドの童話作家トーベ・ヤンソンの『ムーミン』を訳したこともあった。

英語からの翻訳というのは、ある意味では日本語からのそれより簡単だ。というのは、『Finnish for foreigners』という本を使って初めから英語、フィンランド語の対比で

勉強してきたし、文法的にも、単数複数の別、特に完了形などの時制、関係代名詞を用いる点などの大まかな語順など、英語から直接フィンランド語に置き換えやすいものも多いからだ。そうはいっても、訳している時には必ず、四つの辞書を前にして何度かうならなくてはならない。

ある時、言語関係の本の前で大発見をした。便利な本を見つけたからだ。その本は、フィンランド人が英語を勉強するときに使う単語集だった。単語も慣用句も出ているし、基礎語彙二〇〇〇語と、やや難しい二五〇〇語にグループ分けがしてある。ヘレナ・アハティという人の本だが、彼女によると、基礎語彙二〇〇〇語を覚えれば、普通のテキストの八五パーセントがわかり、さらに二五〇〇が加われば、ほぼ九五パーセントも理解できるという。翻訳をやっていて語彙が少ないのは致命的なことだから、これはありがたいと思った。

さっそくこの単語集を、いつもの翻訳練習に併用することに決めた。英語のこの慣用句は、なるほどフィンランド語ではこうなるのかということもわかったし、単語もいくらか覚えた。しかし、このように独立して単語の意味を覚えていても、いざ使うとなると難しい。数日いくらがむしゃらに勉強したとしても、発想や構造の全く違う言語で表現する翻訳は、一向に上達しない。かといって、翻訳の達人になるまで待っていられない。試験日が目前に迫っているのだから。

とりあえず、先生に試験の封筒を渡し、この試験でいちばん大切なことは何か尋ねた。

「そうねえ。フィンランド語の翻訳は逐語訳が無理だから、なにしろあなたの書く文章が、いいフィンランド語であることが大事ね。試験には二種類のテキストを出します。難しい単語は書いておいてあげるし、あなたは英和辞典を使ってもいいのよ」

こうは言うものの、さてどうなることやら。その試験日には、二つの試験を受ける予定になっていた。音声学のやり直しと翻訳だ。翻訳のほうは前の日にどうジタバタしてもしようがないので、音声学のほうのわけのわからない言葉を覚えるのに努めた。翻訳の試験は初めてなんだからどうにでもなれと、まな板にのった鯉《こい》のように落ち着いていた、というと聞こえがいいが、つまりは半ば諦めていた。

試験が始まった。名前を呼ばれて、私は二つの封筒を受け取る。毎度のことだが、封筒を開けて問題を見ると、それまで覚えていたことが全部頭からぬけ出てしまったような感じがする。試験時間は四時間あるが、さてどうしようと問題を眺めているうちに、最初の三〇分は過ぎてゆく。音声学を先に片づけてしまい、もう一度ゆっくり英文を読み直す。二種類のテキストといっていたが、後のほうは、前のテキストの要約文だ。

内容は、ある貧しい家庭の話で、特にその主婦の一日を追っている。子供たちを学校に送り出す。掃除人として金持ちの家で働く。そこで新聞を読んだり、勝手にお茶を飲んだり。たまには何か家へ持ち帰ることもある。夕飯の用意をして、夜は子供たちの靴下を繕う。けだるい時間が流れてゆく。いや、こんな時に文学的な鑑賞などしている暇はない。これを全部フィンランド語で言わなくてはならないのだから。

英和辞典で引いてもよくわからないような昆虫の名前が出てくる。簡単な動詞なのに、フィンランド語の言い方を思い出せないのもある。それにもちろん知らない単語もある。ほとんど試験終了時間まで悪戦苦闘した。英文のテキストは小さな活字で書かれているので短い印象を与えるが、訳してみると、ぎっしり書いても三枚以上になる。書き終えた答案を封筒に入れて提出する頃には、もう目の焦点が定まらない。頭が朦朧《もうろう》としていて、気つけ薬のコーヒーでも飲まなくては、とても正常には戻れないような気がしてくる。試験の後はいつもこうだ。

午後の授業の時、先生のほうから近づいて来た。

「ミハル、どうだった?」

「書くことは書いたけど、今日は二つ試験があったから、最後のほうは時間が足りなくなって……」

「あっそう? 後で読んでみるわ」

どのくらいできたらどのくらいの点がつくのか、さっぱり見当がつかない。二、三日うちに結果がわかった。不合格ではないけれど、私の場合、作文が上手だからもう一度やってごらんなさい、とのことだった。それから、一度に二つの試験はかわいそうだから、試験日以外の日に先生方の仕事場でやってもよいということにもなった。このように相談すれば、必ず便宜をはかってくれた。

二度目の試験に備えて、先生から古い試験問題をもらってきては家で訳し、添削してもらった。まるで翻訳業を職業とするかのごとく毎日毎日精を出した。いくらやっても進歩の程度が自分自身でつかめないところが、イライラの原因となる。一度先生に言ってみた。

「あなたが仮に日本語の勉強をしているとして、もし中国語から日本語への翻訳試験を受けなくてはならないとしたら、どんな感じだと思う？　今私のやってることは、それと同じようなことなのよ」

私の比喩《ひゆ》があまりにも巧みだったからか、私の英語からの翻訳が稚拙すぎて同情をかったからか、次の時間に先生は日本語のテキストを持ってきた。

「はい、ミハル。今日は日本語よ。これを訳してみてちょうだい」

先生の話によると、それは他のクラスにいる日本人に、先生の書いたフィンランド語を訳させたものだという。

これは面白いと思ってすぐ図書館へ行き、訳し始めた。上手な日本語訳だが、これがまた難しい。名詞が出てくるたびに、単数か複数か考えなくてはならない。原文ではきっと関係代名詞を使って表現されているのだろうと思われるところが、日本語では名詞の前におびただしい長さの修飾語が行列をつくる。こうなると、もう何語からの翻訳もご辞退したいところだ。

再度挑戦の日が来た。約束した時間に先生の部屋へ行くと、なんと三つもテキストを用意して待っているではありませんか、先生が。なんと、そのうちの一つは「愛」という題の詩。詩なんて絶対無理だ。第一そんな練習などしたことない。こんなことはいくらなんでもだめ。と抵抗する私の手においしそうなゼリーを握らせて、先生は私をなだめようとする。

「ちょっと待ってよ。三つのうち二つ訳せばいいのよ。詩といっても、そんなに難しくないから大丈夫。さっきジャネットもここでやったのよ」

「お菓子がもらえるなら、毎回ここで試験を受けたいわ」

と言いながら、またもや諦めの境地で私は机に向かった。先生は時々出たり入ったりしていたが、

「もう帰るから、終わったら私の机の上に置いといてちょうだい。部屋の明りを消して帰ってね」

と言って、私を一人残して帰ってしまった。

三つのテキストのうち詩の他は、「老人ホーム」という題のエッセイと、もう一つは題は忘れたが面白い話だった。こちらの話から始めるのがよさそうだと思った。内容は、財産家で子供のいない未亡人とその人に仕える使用人の話。使用人は未亡人に気に入られようと必死だ。もちろんこれは財産目当て。彼は未亡人が自分の子供のようにかわいがっている犬を、進んで朝晩の散歩に連れてゆく。未亡人はこのことをたいそう喜んでいる。そして、ついに未亡人が死ぬ。待ってましたとばかりに使用人が遺書を開くと、次のように書いてある。

「あなたは私の犬を心から愛し、かわいがってくれたので、私が死んだらこの犬をあなたにあげましょう」

と。この話は悩むことなく楽しみながらなんとか訳せた。

詩を訳すつもりは初めからないので、次は「老人ホーム」の番だ。訳し始めてすぐ、「老人ホーム」という言葉の決まった言い方を知らないのに、この言葉が何度も出てくることに気がついた。それに、テキストの内容がいくぶん湿っぽい。これは諦めて詩に挑戦してみようかという気になってきた。その詩は、

「私たちの愛は終わったのね」

という一行から始まる。どうやら作者は女性で、恋人と別れてからのある休日の午後、その時の気持の在り様をうたっているらしい。電話のベルがなるのを待つが、も

う誰からもかかってこない。郵便配達人が投げ入れる郵便物の中に「あなた」の手紙はない。と、まあこんな感じの失恋日記なのだが、老人ホームの話よりはましかと思って訳してみた。

終わった。やっと終わった。紙を先生の机の上に置き、試験が済んだら学食でお茶を飲もうと約束したマリアのところへ急いだ。

うちに帰ってから、ジャネットも今日試験を受けたと先生が言っていたのを思い出し、さっそく電話をかけた。彼女は詩をどう訳したのだろうと思って。初めは、試験に詩を出すなんてひどいとちょっと文句を言い合ってから、次第に内容の話になった。が、なんだか二人の言っていることがくい違っているようだ。私が、

「もう彼から電話もかかってこないし、郵便も来ないのよね」

と言うと、

「えっ、郵便？　どこにそんなこと書いてあった？」

と驚く彼女。

「えっ、何言ってんのよ。郵便屋さんが馬に乗って来て、『郵便！』って言ったじゃない」

フィンランド語で郵便はposti《ポスティ》だ。このように子音で終わる外来語は、フィンランド語に受け入れるとき i をつける。

ジャネットは電話口でゲラゲラ笑い出した。どうしたのかきいても、一向に笑いが止まる気配がない。しばらくして、

「ごめんなさい。ごめんなさいね、笑ったりして。あなたは英語の post をフィンランド語の posti だと思ったのね。無理もないわよ。英語はあなたの母語じゃないんだから。英語では郵便のことは mail なのよ。post って言うのは馬に乗る時のかけ声よ。これはねえ、アメリカ人でも乗馬をやったことのない人は知らないと思うわ。それにしても post が郵便だなんて……」

と言いかけて、またクスクス笑い出した。私はなんの疑いもなく post は郵便だと思っていたので、彼女の説明を聞いてびっくりしてしまった。

郵便は mail かあ。乗馬の時に post ねえ。と、アメリカ人の説明にさすがだなあと感心していたのだが、ではどうして、あれを郵便ととると意味がすんなり通るのだろう、という疑問が生じる。ジャネットの説では、馬に乗ってきたのは郵便配達人ではなくて恋人だという。もしそうだとすると、なんだか全体の意味がわからなくなってくる。

「私たちの愛は終わったのね」

と、別れたはずの人が、どうして元気よく馬に乗ってやって来るのだろう。二人で話し合っても結局わからないままだったので、明日先生にきいてみようということに

なった。

　そして次の日。午前中の授業で先生に会うと、

「ミハル、ありがとう。読みましたよ、詩もよく工夫して訳してあるわね。大丈夫よ」

「本当？　でもジャネットがね、post は郵便じゃないって言うんだけど……なんだか乗馬の時に使うかけ声みたいなのだって……」

「そうなのよ。ジャネットはなんだか変な風に訳してたわ。あれはあなたので正しいのよ。恋人からはもう手紙が来ないのよ」

　いったいなんてことだろう。アメリカ人が英文をこんなに誤解するなんて。英語力のはるかに劣っている私が、恋愛詩を正しく理解できたのは、亀の甲より年の功といったところだろうか。翻訳騒動記は、ジャネットも私も〈二プラス〉という成績をもらって幕を閉じることになった。

作家としての日々

フィンランド語の文法は複雑だから、作文となると何から何まで正しくというのは至難の業だ。怠け者のくせに、複雑でややこしいことが大好きという天邪鬼《あまのじやく》だから、私はフィンランド語の文法を勉強するのが楽しくてしようがない。が、もっと楽しいことがある。それは、その複雑な文法を使って自分を表現することだ。

私はフィンランド語を習いだしてまもなくの頃、作文も始めた。なにしろ初心者だから、「駅はどこですか」とか「私はりんごを食べます」くらいしか言えないのに、作文を書こうというのだから無茶な話だ。「私は」と始めても、次に来る動詞がわからない。辞書から見つけ出したのを勝手に使っても、まず合ったためしがないし、目的語の格となると、適当にやるものだからいつも間違っていた。全く、無謀な若者の作文は恐い。小さなノート三ページを埋めるのに、五時間ぐらいかかっただろうか。

それを先生に添削していただくと、みごとにほとんど間違っている。普通の良識ある人ならその辺でやめるのだが、羞恥心《しゅうちしん》がないというのは恐ろしいもので、それでも私はやめずに、大間違い作文を書き続けた。

運悪く私の作文を直すはめになった二人目の先生は、若いリーサだった。あの頃はちょうど卒論を書いていたので、気分転換にと週に二回は作文を書いた。リーサは毎回作文の内容に触れる感想を書いてくれるのだが、熱がこもると、時には私の作文より長いこともあった。エイラにも何度か見てもらったが、本格的にフィンランド語を始めてからは、オッリ・ヌーティネンがよき読者でいてくれた。

新学期が始まると、私はさっそく大学ノートより大きいサイズのノートを買い求めた。週に一度の割合で、毎回四、五ページほど書くようにした。その頃は、ラウッタサーリという島のアパートに引っ越したばかりだったので、最初の作文は「私のアパート」。そのアパートを見つけるまでのいきさつ、アパートの様子、隣に住んでいるキンモのことなどを書いた。作文に書くことがないと、隣人キンモの言動を観察し、「若くて有望な弁護士キンモ」という主人公に仕立てて、連載も企画した。この「愚かなキンモの物語」が面白すぎて、オッリは時々間違いを見逃してしまうこともあった。

私の書いた手紙や友人からの手紙を訳すことも試みた。日本語の冗談などはほとんど訳せないし、フィンランドにないものは、名詞さえ表現できない。H子さんの手紙にブラックホールの話とアフリカのヘビ喰《く》い鷲《わし》の話と蓑虫《みのむし》の話が書いてあり、とても面白いので、その中から蓑虫の話を訳すことにした。日本語の原文をまず紹介する。

蓑虫のメスは一生蓑の中で過ごすのだということを知っていましたか？　メスは蓑蛾にはなれないのです。蓑の中で卵を産み、蓑をかぶったまま死ぬのです。そしてその卵たちは、母親の蓑を破って出てくるのです。なんて哀しい生き物なのでしょう。生き物の世界には哀しいことがいっぱいあります。しかしその生き物自身は、その哀しさを自覚しないのです。稲垣さん、私たちは蓑虫に生まれなかった幸せに心から感謝し、もっと一生懸命生きなくてはいけません。怠けていては、蓑虫に顔向けができません。しかし、一生懸命生きようとすると、苦しい目にばかりあいます。

内容が面白いと言っては、人生の悲哀を受けとめる術もなく、こんなに遠くにいる私に書き送ってきたH子さんに失礼だが、私も共感するからこそ、なんとか訳出してみたいと思うのだ。他人の生命力に触発されて、エネルギーが湧き出ることもある。

だいたい訳せるのだが、肝心の「蓑虫」を何と言うのかわからない。英語ではbasketwormと出ているが、フィンランド語ではどこにも出ていない。絵をかいて説明しても、そんなものはフィンランドにはいないとオッリが言う。英語にあてはめて、一応korimato《コリマト》ということにした。それにしても蓑虫を知らない人は、こういう話をどう受けとめるのだろう。

作文の試験を秋に受けることにした。テーマが五つ出題され、その中から好きなのを選んで書けばいい。私は、「フィンランド語及び他の外国語を勉強した時の経験について」を選んだ。これなら書きやすい。三枚以上という規定に満たない人は、やり直しをさせられていた。作文の苦手な人が多くて、先生方は練習方法や試験の採点に困っていたようだ。私は、英語、フランス語、フィンランド語、スウェーデン語、中国語について書いているうちに四枚になったので、語学の勉強も、「まだまだ長い旅が続きます」としめくくって終わりにした。

この試験の採点者はエイラだったが、答案用紙を読み終わるとすぐ、あのきれいな青い眼をいつも以上に輝かせて、点数を記入してあげるからオピントキルヤを持ってすぐいらっしゃいと、私を部屋に呼んだ。隣の部屋からオッリまで出て来て、ブラボーと叫んだりする。こんなに長いのに間違いがほとんどなくて、しかもうまいと絶讃された。練習したかいがあったのだろう。

試験がうまくいったら作文はもうよそうと決めていた。書くのは楽しいが、他にもやることが山ほどある。けれどもオッリが私の作文を楽しみにしていて、

「次のはまだ？」

と、催促したりする。講義を聞いているだけでは無味乾燥だし、いちばん楽しいことをやめることもないと思って続けることにした。オッリの面接時間には必ず足を運んで、直された個所の説明を求めた。

「オッリはいるかしら……」

と、先生方の部屋に入って行くと、

「言わなくてもわかってるよ。ノートはここだよ」

と言われるようになった。私があまり間違えなくなると、たまにする小さなミスに、先生が喜ぶようになった。私たち外国人は、フィンランド人とは違った目でフィンランド語を見ているので、文学博士のオッリにも気づかないようなことに注目したりする。

「ミハルはいつもいい質問をしてくれるからうれしいよ。ありがとう」

と言って、オッリは必ず紙に書きとめていた。

書いている時も楽しいが、次は何について書こうか、題はどうしようかと考える時もまた楽しい。こうなると流行作家になったような気分だ。たとえば、「主人公」という題の作文は次のように始まる。

読者の皆さん、こんにちは。ご機嫌いかがですか。今までずっと私の作文の主人公だったキンモについて、最近私が書かないのはなぜか、皆さんは不思議にお思いでしょう。お答えします。クリスマス休暇に、偉大な作家は心に決めたのです。真の偉大なる作家になるために、もうばかなキンモのことは書くまいと。だって他の偉大な作家たちは、真剣に生や死について書いているのですから。けれども、もし皆さんが作文の主人公について読みたいとお望みなら、今日は喜んでお話ししましょう。何が彼に起こったかを。

幕が開きます。


続いて、裁判所に勤めることになったキンモの近況といつもの失敗談に移るわけだが、この作文では、大学で習ってきたことわざをふんだんに盛り込んだ。

いつもばかなことを書いているだけでは上達しないので、一つの作文ごとに文法上のテーマを決めた。たとえば、「パリにて」は分詞構文の練習として書いた。できるだけたくさん分詞構文を使って、最後に、

「帰りに飛行場でフランス人が私に、

『さようなら。

また来てね、マドモアゼル分詞構文！』

と言いました」

と書いたところ、オッリは、

「あまり上手に書くから、最も信じがたいことこそ、最も信ずべきことに思えてくるよ」

と、感想を書いていた。

私の自信作「いかにして三角は生ずるか」は、イラスト入りの長いなぞなぞだ。第一ヒント、第二ヒント、第三ヒント、第四ヒントを与えてもまだわからない読者のために設けた最後のヒント、

「三角も眠ります」

と、イラストで、すべての謎が解ける仕組みになっている。こういう楽しいものは、書けと言われれば一日中書いていても飽きない。

いつも楽しいものばかりとはかぎらない。「郷愁」という題のいささかセンチメンタルなのもあるし、病気で苦しんだことを綴った「病院にて」もある。あまりにも勉強に疲れた時は、眠っている間だけはフィンランド語から解放されるという意味で、「私は眠ります」と宣言した作文もあった。

「フィンランド語で書く作家になろうかな」

と、先生に話したところ、

「今まで外国人でそういう人はいないから、あなたが第一号よ」

とエィラが言っていた。お墓に、「生きた、愛した、書いた」と刻んでもらうためには、相当研鑽《けんさん》を積まなくてはならない。そこで名案が浮かんだ。ラブレターも練習してみようと。

「練習I」というほうには、

もし私がカナリアなら、あなたのために幸せを歌うでしょう。
もし私が青い鳥なら、あなたのもとへ幸せを運ぶでしょう。

こんな歌まで織り込んで、力作を書いたつもりだったのに、〝愛〟という言葉が出てくるたびに、私は格変化を間違えてしまい、大いに笑われた。

「練習II」のほうは、

「もしこの世に永遠のものがあるならば、それは私たちの愛かしら……」

とロマンチックに始まるのだが、言語学の専門用語を面白おかしく使って、いつものようにふざけて書いたら、「無風流なユーモア」と評された。うまい恋文の一つも書けなければ、偉大な作家になるのは無理かもしれない。残念なことだ。

春が近づき、そろそろ一年間のまとめをする時期になった。短期間にしては、期待以上の成果が得られたように思う。そう思うが、これでやめてしまうのはどうだろう。せっかくフィンランド語の世界が明らかになりかけてきたのに、今やめては、今までの努力が水の泡となってしまう。せめてもう一年勉強が続けられたら、もう少しなんとかなるのではないだろうか。そうするためには、初夏には帰るものと私の帰国を待っている家族に事情を説明しなくてはならない。今まで何をしたか、これから何をしたいかを話し、それを裏づける先生からの推薦状を添えるのが、人を納得させる論理的な方法だと思った。

推薦状は私のことをいちばんよく知っているオッリにたのむことにしたが、見本としてまず私が書いてみた。その作文をここで訳してみたいと思う。これはよく考えればナンセンスなことだ。日本人がフィンランド語で書いた文章を、作者自身が日本語に訳すのだから。改めて日本語で書くのとは違う。一度表現したものは、作者とて縛られる。さてどんな日本語になるか。

推薦状

お宅の愚かなお嬢さん美晴さんは、半年の間私の生徒でした。美晴さんは休まず学校に通いましたが、まだ何もマスターしていません。秋学期に美晴さんは、すべての試験に失敗しました。その時彼女は、クリスマス休みに一生懸命フィンランド語を勉強しようと考えたのです。クリスマス休みに彼女が何を覚えたかご存知でしょうか。彼女はたった一つの言葉〝寒暖計〟をフィンランド語で覚えただけです。

彼女はスウェーデン語のクラスにも通っていました。「家には犬がいます」これが、美晴さんがスウェーデン語で言える唯一の文です。私が教室で彼女に質問しますと、いつも間違えます。私たちは長いこと外国人にフィンランド語を教えて参りましたが、お宅のお嬢さん美晴さんほど、絶望的で出来の悪い学生は見たことがありません。ご両親はどんな教育をお授けになったのでしょうか。

美晴さんは作文を書き続けてきました。彼女はいつも冗談を書きます。人生を真剣に考えることができないのです。芸術家は、いつも半分夢の中で生きています。美晴さんもちょうどそういう人間のようです。彼女は将来「寒暖計と私」と題する長い小説を書きたいと望んでいます。私たちは、彼女が偉大な作家になるとは全く信じておりません。何もできない人間に限って、不相応に多くのことを望むものです。

ご両親はどんなご意見でしょうか。あなた方ご両親と私ども教師が、こういう子供にすべきことは何なのでしょう。

教育！

それが唯一のことです。美晴さん自身もここでのフィンランド語の勉強を続けたいと望んでいます。きっと彼女も、まだ何もマスターしていないことに気づいているのでしょう。美晴さんがすぐにフィンランド語をものにできるなどとは、とても申し上げる勇気がございません。と言いますのは、それには美晴さんの生涯と同じだけ時間がかかるでしょうから。しかし、少なくとも一〇個の単語を覚えるまで、ここフィンランドでフィンランド語を勉強することは、よいことだと思います。少なくとももう一年の留学の許可を、お宅のお嬢さん美晴さんにお認めになりますよう、私心からご両親にお願い申し上げます。

こういう推薦状を初めから日本語で書いていたら、どんなものになっていただろう。ちょっと興味がある。オッリは、これに似たりよったりの？？？　推薦状を書いてくれた。

五月。とうとう最後の作文を書く時が来た。何を書こうかしら。その頃ちょうど大学では、週に一度作家が来て、「いかにして私の作品は生まれたか」という題で講演していた。私もちょっとその真似をして、「いかにして私の作文は生まれたか」という題で書いてみたいと思った。その中には、どうして作文を始めたのか、初めの頃はどんな苦労があったのか、今はどんな感想をもっているかを書いた。添削用にと、最初オッリに渡した、赤インクがいちごの香りのするペロペロキャンディー型のボールペンの労もねぎらった。もちろん、長い間私の作文につきあってくれたオッリにも感謝した。私は今でも、フィンランド語の作文集は私の大事な宝物だと思っている。

最後に私は、「フィンランド語の構造と発達」という題で、密度の高い講義をしてくれたオッリにこう書いた。

「あなたは私の作文をたくさん読んだから、秋学期には、『美晴の構造と発達』という題で講義ができますね。もちろんその授業を聞きに、フィンランドに戻ってきます」

夏休みを過ごすため、私は東京に帰った。

夏休み

フィンランドの大学は五月で一学年が終わるので、次の新学期が始まる九月半ばまでのまる四ヵ月が夏休みとなる。子供たちの学校は八月から始まるが、それにしても日本の学校の夏休みよりずっと長い。およそ二倍もある。まず夏休みの考え方が違う。フィンランド人は、太陽を得られない冬の分まで日光を浴びようとする。できるだけ長く美しい自然のなかで過ごそうとする。フィンランドの夏は美しい。そしてあまりにも短い。

夏のいちばん大きな行事は、なんといっても夏至祭だ。夏至とは一年でいちばん日の長い日。といってもフィンランドではちょっと事情が違う。北極圏では約一ヵ月、いちばん北では二ヵ月以上太陽が沈まない。つまり昼間ばかりの季節だ。ヘルシンキでは約二二時間日照時間があり、白夜のシーズンとなる。夏至祭の時は、都会がほぼ

木で作った動物

空になる。都会のアパートに電話しても誰も出ないと思う。ほとんどの人が湖のそばの夏の家で夏至祭を過ごす。

森から白樺《しらかば》の若木をとってきて、あたり一面飾る。サウナにも白樺の枝をつける。夕方になると、コッコという、木を高く積んだ大かがり火をたく。空気が乾燥しているときには、コッコが禁止されることもあるが、普通の年には、どの湖にもたくさんのコッコが見られる。フィンランド語では、夏至祭のたき火がコッコ。「すべて」がココ。疑問文にはコがつく。これらの音にいちばん近い音をもつコータ（集める）という動詞を使うと、とても楽しい会話ができる。

「ココー　ココーン　ココ　コッコ！」

「ココ　コッココ？」

「ココ　コッコ」

『フィンランド語は鶏の言葉』という題にしてもよかった。

時々、白夜を誤解している人に出会う。

「北欧は白夜だから、冬は真っ暗なんでしょ？」

と言う人は、暗い夜を白夜だと思っているらしい。そうではなく白夜とは、真っ暗にならない青白い光を放つ夏の夜のことだ。夏中明るいわけだから、慣れないうちは寝ていても、もう朝かと思って夜中に何度も目が覚める。フィンランド人は冬より夏のほうが睡眠時間が短い。それでも不思議なもので、あまり疲れない。いつも明るいから夏中一度も夕食を食べなかったような気がする。なにしろ夏は明るい。人々の気持も明るくなる。あちこちで「夏だから」という理由でパーティが開かれる。子供たちは素足で飛びまわる。夏期大学の先生が、毎日裸足《はだし》で教室に入っていらしたのには驚いた。

大学生は長い夏休みを有効に過ごす。六月一日から夏期大学が始まると、せっせと勉強して試験を受け、夏のうちにたくさん単位を取っておく学生もいる。春になると各大学の夏期講座一覧表ができるから、あらかじめ計画を立てておくらしい。外国人のためのフィンランド語講座も、各地の大学で開かれる。夏だけフィンランドで勉強しようという人や、九月からの新学期に備えて、夏のうちに基本的なことだけでもということ留学生のために。ヘルシンキ大学以外は授業料もとらないし、ほとんどのところが宿泊施設を提供してくれるから、外国からも皆安心して来るようだ。『Finnish for foreigners』という英語の教科書か、『Suomea《スオメア》 suomeksi《スオメクシ》』という、フィンランド語を初めからフィンランド語で教える教科書を使っての、ベテランの先生による楽しい授業が受けられる。

夏、旅行に出かける学生もいるが、働く学生もいる。これは大学生にかぎらず高校生もそうだ。どういうアルバイトをしたことがあるかによって、就職の時に有利らしい。六月一日になると、近所のマーケットにはかわいい女の子がレジ係として登場した。本屋に行くと、大学で見かけたことのある男の子が売り子をしていた。夏には、一ヵ月も二ヵ月もお店を閉めてしまうところもある。古本屋、花屋などは、夏の終わりまで休暇をとって店を閉めていた。そんなに長く仕事を休んで、みんなどこへ行くのだろう。

多くのフィンランド人が夏の家を持っている。これは、日本の別荘のように豪華なものではなく、夏の小屋とでもいったほうがふさわしいほど簡素なものだ。電気もガスもない。夏は明るいから明りはいらないが、必要なときはろうそくを使う。まきを拾ってきて燃やし、食べ物を煮炊きする。ほとんど原始的な生活。フィンランド人はこれが好きなのだ。夏には「夏のスープ」と呼ばれる、ミルクと野菜のたくさん入った塩味のスープをよく作る。サウナから出てきて、湖のほとりでソーセージを焼いたり、夏のスープをいただいたりするのは、フィンランドで味わえる最高のひとときだ。

フィンランドでいちばん好きなものは何かときかれたら、私は「雲」と答えるかもしれない。そのくらい夏の雲は美しい。空の色が移り変わってゆく様子を見ていると、いつまでたっても飽きない。目に見えるもののうち、ほとんどが空。雲が一面に広がり、色を変え形を変えて動いてゆく様子は、どんな美しいものにもたとえがたい。雲、白樺。それらは、フィンランドの夏が見せてくれる純粋な白といえる。

一九七七、七八、七九年は寒い夏だった。雨降りの日が多く、夏の家にいても毛布をかぶって震えながらソーセージを焼いたことを覚えている。

「これが夏だなんて、今年はなんてことだ」

と、フィンランド人は皆嘆いていた。長い冬の間中、春の訪れと美しい夏の到来を待っているフィンランド人にとって、打撃は大きい。暖かい夏の日ざしを浴びないまま、秋、そしてまた長い冬を迎えることになる。

一九八〇年の夏は世界的な異常気象で、日本は七八年ぶりの寒さだったが、フィンランドでは百年に一度の暑さだった。三〇度以上の日が記録的に続いた。フィンランド人は暑さに慣れていないので、家の近所では頭がおかしくなる人まで出るほどだった。隣のおばさんも、暑くて脳ミソがやわらかくなってしまいそうだと言っていたし、夜は寝苦しいからベランダで寝るという人もいた。無理もない。寒いフィンランドでは、窓がどこも二重になっていて、ほとんど開かないようにできている。扇風機もなければ扇子もない。私がたまたま持っていたうちわを隣のおばさんにあげたところ、重宝していたようだ。

私はフィンランドのいろいろなところを旅行したことがあるが、なかでも忘れられないのは、四四〇〇平方キロメートルもあるフィンランド最大の湖、サイマー湖を船で旅したことだ。ラッペーンランタから一日船に乗ってサヴォンリンナへ、そしてまた一日船でクオピオへ。フィンランドには六万以上（後の調査で五〇〇平方メートル以上の湖の数は一八万七八八八）の湖があるといわれるが、それらは東部に片寄っている。ラッペーンランタからクオピオに着くまでの二日間、船上で私は、フィンランドの代表的な作家ユハニ・アホの小説『コスティッコ、クックラ、サーリ』の主人公になったような気分だった。どこまでも続く湖、静かにささやく森、湖畔のサウナから手を振る人々。都会の雑踏など、ここでは嘘のようだ。

八〇年の夏には一五日間乗り放題の航空券を持っていたので、飛行場のあるところにはほとんど行ってみた。ラップランドへ行った時は、本当に世界の果てまで来たという感じだった。湖や木を見ても、南で見るそれらとは印象が違う。生命力が存在することは難しい。真夏なのに気温はプラス三度。夕方散歩をしていたら、雪やあられが降ってきた。そういうところにも、住んで生活している人たちがいる。ラップランドの人口密度は、一平方キロメートルあたり二人だという。隣人が何キロも離れたところに住んでいても珍しくない。ラップランドには約四〇〇〇人のサーミ人が住んでいて、トナカイの放牧を生業《なりわい》にしている。トナカイは約二〇万頭いるといわれている。トナカイの毛皮はどこの市場に行っても売っているし、トナカイの肉はご馳走としてレストランやホテルのテーブルに並ぶ。

フィンランドは近代建築でも有名だが、フィンランドの建築家アルヴァー・アールトの建築が北極圏内でも見られるのは驚異的な気がする。ラップランドの中心都市ロヴァニエミには、アールトが設計した市立図書館やホールがある。アールトの自由な形の空間は、フィンランドの田舎の湖や島から霊感を得たものだといわれる。フィンランドの自然は、音楽家、画家、作家など、あらゆる分野の人たちに大きな影響を与えていることだろう。

外国から飛行機でヘルシンキに戻る時、窓から森や湖が見えるとホッとする。住めば都というが、不思議なもので、フィンランドの景色が私の心の拠《よ》り所となっているからだろう。もちろん本当の故郷、東京へ帰れば同じようにホッとする。人間なんておかしなものだ。

長い夏休みをもてあまして、一度東京へ帰ったことがあった。成田からバスで箱崎へ。箱崎には家族が迎えに来ていた。姪を膝にのせ、

「里菜《りな》ちゃん、大きくなったわねえ」

「みはるちゃん、おみやげ買ってきた？」

と会話をしながら、私は車の窓から街の様子を眺めていた。

「あっ、これはまずい」

と感じた。外国へ着いて、飛行場からホテルへ行く時と同じように、歩いている人の顔が皆同じに見えるのだ。フィンランドの生活にずいぶん慣れてしまい、今度は逆

に日本が外国のように感じられる。あまり長い間フィンランドのようなのんびりしたところで暮らしていたら、きっと東京のようなめまぐるしい生活には戻れなくなってしまうだろう。あと一年ぐらいが限度だと思った。

時差があるので頭がはっきりしないが、夜になると友達に電話をかける。

「きゃあー。どっから電話してんの？」

と、みんなが大騒ぎするのが楽しくてしようがない。声色を使って、

「ご主人様ご在宅でしょうか？」

などと言うと、私だということには気づかないから、相手も、

「はい。わたくしでございます」

と、妙に改まった調子で応対する。ウッヒッヒッと笑って正体を明らかにした時の、相手の驚く様子がおかしくて、私はやめられないのだが。たいていみんな、お帰りなさいと歓迎してくれ、疲れたでしょと優しい言葉をかけてくれる。しばらく話した後、まだ疲れてるでしょうから、落ち着いたら後日連絡して会いましょうということになる。誰に電話してもこのパターンだ。そうなると、また全員に電話をかけ直して、会う日を決めなくてはならない。みんなのスケジュールを聞いて一ぺんに会おうとしても、なかなか都合がつかないので、個人面接ということになる。そうするとまた、皆同じことを言う。ヘルシンキに戻る前にもう一度会いましょうと。こういうことを繰

り返していると、話題も変わりばえがしないし、エネルギーもすぐ底をつくことになる。

人と会ったり、食べたいものを食べているうちに、時間はどんどん過ぎてゆく。夏休みには本をいっぱい読もうと思って持って来たフィンランド語の本も、そのままトランクへつめて持ち帰ることになる。東京に帰ってからの最初の一ヵ月は、頭が混乱していてフィンランド語も日本語もごちゃまぜになっているが、二ヵ月たつと元どおりの日本人の頭に戻る。二ヵ月半の東京滞在を終え、ヘルシンキに戻る頃には、困るほど日本人の頭になっていた。

箱崎で、見送りに来てくれた家族に、

「じゃあね。行ってきまーす」

と、手を振ってバスのほうに向かうと、全身が緊張するのがわかった。また一人でソ連を通ってヘルシンキまで行かなくてはならない。

無事ヘルシンキ到着。やはりホッとする。近所のマーケットへ買い物に行く。何も変わっていない。まわりは何も変わっていないのだが、なんだか私のフィンランド語が変だ。相手の言うことはよくわかるのだけれど、私のほうはすらすらと出てこない。二ヵ月半使わなかったから、口が思うように動かないのだ。二ヵ月ぐらいでこんなに忘れてしまうものだろうか。言葉って本当に不思議だ。フィンランドでいくら努力しても、日本に帰ったらすぐに忘れてしまうのだろうか。あーあ。やっぱりばかは死ななきゃ治らないのだ。

フィンランド語の文法

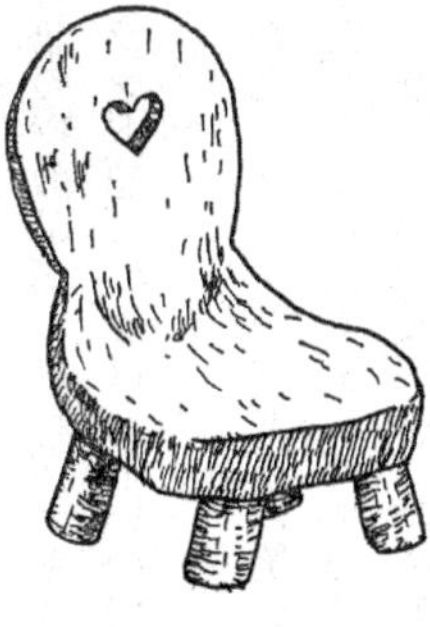

epäjärjestelmällistyttämättömyydellänsäkäänköhän《エパヤルイエステルマッリストゥッタマットミューデッランサカーンコハン》

これが一つの言葉だと言ったら、これからフィンランド語を始めようと思っている人は、未来を絶望視するだろうか。心配するには及ばない。言葉が長いのはフィンランド語の特徴の一つだが、すべてがこんなに長いわけではない。これは、派生語から派生語をつくり、そのまた派生語に可能な限りの接頭辞と接尾辞を加えたもので、フィンランド語学科の学生が遊びで考え出した、フィンランド語のなかで最も長い言葉だ。フィンランド人でさえ、こんな単語は耳にしたことがないと思う。

「フィンランド語ってどんな言葉なの？」

ときかれると、私は、

「エストニア語に似てるの」

と答えるのだが、そうすると決まって、

「エストニア語ってどんな言葉なの？」

という質問が返ってくる。

「フィンランド語によく似てるのよ」

と答えると、相当な剣幕で無責任な態度を非難されるので、ここではもうちょっと詳しく説明してみようかと思う。

世界の言語を大きく分けると、フィンランド語はウラル系に属している。その中でもフィン・ウゴル語族といって、ハンガリー語の含まれるグループに属するが、さらに分けると、バルト・フィン語族の中に入る。バルト・フィン語族とは、liivi《リーヴィ》, vatja《ヴァトヤ》, vepsä《ヴェプサ》, karjala《カルヤラ》, inkeri《インケリ》, viro《ヴィロ》（エストニア語）、suomi《スオミ》（フィンランド語）によって構成されている。この中でフィンランド語とエストニア語を除く他は、話す人も少ない、聞いたこともないような言語だ。大学では一応これらの言語の特徴が講義され、テキストにも目を通したのだが、中でもエストニア語はフィンランド語にいちばん近いので必修科目だった。

エストニア語の第一回の授業で先生がテキストを読むと、フィンランド人は笑いだすほど、フィンランド人にとってエストニア語は簡単だ。あまりにもよく似ているので、どちらがどうだったか私にはわからなくなってしまうのだが。授業は、エストニア語のテキストを読んでフィンランド語に訳していった。途中で何がわからないのか、わからなくなってくる。エストニア語がわからないのか、フィンランド語がわからないのか。試験は、エストニア語からのフィンランド語訳とフィンランド語からのエストニア語訳だったが、どちらからどちらにせよ、とうてい私の頭の中を通過する出来事とは思えなかった。

最初に書いた、言葉が長いことの他にフィンランド語の特徴をいくつかあげてみようと思う。まず格が一五あることを紹介すべきだろう。形が同じになる格もあるので、種類は一四になるが、〝手〟という意味の käsi《キャシ》 という単語は次のように変化する。（単数）

käsi《キャシ》, käden《キャデン》, kätenä《キャテナ》 kättä《キャッタ》, kädeksi《キャデクシ》, kädessä《キャデッサ》, kädestä《キャデスタ》, käteen《キャテーン》, kädellä《キャデッラ》, kädeltä《キャデルタ》, kädelle《キャデッレ》, kädettä《キャデッタ》, käsine(en)《キャシネーン》（単複同形）、käsin《キャシン》（複数形のみ）

名詞の前に形容詞がつくときは、どんなにたくさんあろうと、すべてが名詞と同じように格変化するので、怠けてはいられない。数字まで格変化するのだから、ややこしいことこの上なしだ。

母音と子音の長さも大事だ。一見して似てるようでも意味が全然違うから。

taka《タカ》, takaa《タカー》, takka《タッカ》, takkaa《タッカー》, taakat《ターカト》, taakka《ターッカ》, taakkaa《ターッカー》

級変換や母音調和の存在は、日本人にはなじみにくいが、冠詞がないのはとてもありがたい。英語のようにaかtheか悩まなくてすむ。フィンランド語では、名詞の前に指示代名詞を置いて定冠詞のように使ったり、語順によってその名詞が既出か初出かを示したりする。

フィンランド語には文法上の性がない。フランス語のように、女性名詞か男性名詞か覚えなくてすむ。しかし、ふつう「彼」「彼女」と三人称を分けるはずのところにも区別を設けず、三人称単数はhän《ハン》ですませるので、場合によっては男性か女性かよくわからないことがある。特に、法律のテキストの理解を困難にしているという話だ。

特徴といえば語彙《ごい》もそうだ。語彙が他のヨーロッパ諸言語とかけ離れているので、単語は根気よく一つずつ覚えていくしかない。否定語も少々違う。英語のようにいつでもNoとはいかない。フィンランド語では否定語が動詞なので、en《エン》, et《エト》, ei《エイ》, emme《エムメ》, ette《エッテ》, eivät《エイヴァト》と区別しなくてはいけない。それに命令形はまた違った形になる。これは答えるたびに不便だと感じる。いつでも万能な否定語が一つあったらいいなあと、怠け者は夢を見ている。

それから重要なのは、やはり受け身について。フィンランド語の能動態では、たとえば mennä《メンナ》（行く）という動詞は、

minä《ミナ》 menen《メネン》.　私は行く
sinä《シナ》 menet《メネト》.　あなたは行く
hän《ハン》 menee《メネー》.　彼（彼女）は行く
me《メ》 menemme《メネムネ》.　私たちは行く
te《テ》 menette《メネッテ》.　あなたたちは行く
he《ヘ》 menevät《メネヴァト》.　彼らは行く

というように活用するのだが、受動態では、mennään《メンナーン》の一つだけである。英語では by 誰、あるいは何と言うと、その行為の主がわかるが、フィンランド語ではそれは表現できないことになっている。それに想定される「行為主」は、人間あるいは人間のグループでしかありえない。印欧語で受け身を使うような表現は、フィンランド語では、能動態の再帰動詞を使ったり、同じく能動態の主語のない三人称単数の文を使って表現している。こういうことは、ただ説明を聞いてもわかりにくいから、

と短冊にでも書いて、脳ミソの端にひらひらさせておけばいい。

受け身の説明で私は mennä（行く）という動詞を使ったが、これは第一不定詞である。不定詞といっても一つではなく、フィンランド語ではなんと四つもある。mennä の第二不定詞には mennessä《メンネッサ》（能動）、mennen《メンネン》（能動）、mentäessä《メンタエッサ》（受動）があり、第三不定詞には menemässä《メネマッサ》, menemästä《メネマスタ》, menemään《メネマーン》, menemällä《メネマッラ》, menemättä《メネマッタ》, menemän《メネマン》があり、第四不定詞は、meneminen《メネミネン》である。また第三不定詞の長型 menemäisillä(än)《メネマイシッラーン》を第五不定詞と呼ぶ人もいる。この長型というのは、第一不定詞にもあって、それは mennäkse(en)《メンナクセーン》である。このように動詞が華やかな展開を見せるのも、フィンランド語の特徴だ。

外国人コースの単位がほぼ取れたので、私はフィンランド語学科で勉強する正式な許可をもらった。そうなると、フィンランド人ばかりのクラスに出席することになる。学期始めに、どのクラスも人数が多すぎないよう調整される。私が初めて出たフィンランド人ばかりのクラスは音韻論だったが、全部で一〇人もいなかった。その次の構文論は五人しかいなかったので、授業中はいつも緊張していた。外国人のクラスでは和気藹々《わきあいあい》としていて、誰かがとんでもない間違いをすると、みんなで大笑いしていたし、先生にも気軽に話せた。

「それ何ていう意味?」

「今の書きとれなかったから、もう一度言って!　あっ、もっとゆっくり!」

と、みんな勝手気ままにやっていたが、今度はそういうわけにはいかない。予習をしっかりしていかないと、授業の内容がわからなくなってくる。外国人コースとは研究のレベルが全く違う。一人でもたついていて、他の人に迷惑をかけても悪い。授業が終わると、緊張のためかいつもどっと疲れが出た。

たいてい第一回目の授業で私がすわっていると、入ってくる先生は私のほうを見て不思議そうな顔をする。まるで白鳥の群れの中に醜いアヒルの子を見つけたように。金髪の中の黒はひときわ目だつ。いても目だつが、いなくてもすぐにわかってしまうからやっかいだ。どの先生も親切で、特に困ったことはなかったが、一度こういうことがあった。

構文論の時間だった。先生は教室に入るやいなや、

「今日は、最初の一〇分間テストをしましょう」

とおっしゃって、紙を配り始めた。あれ、困ったなと思いながら鉛筆を出していると、黒板に書く文章を分析するのだという。いつものあれだ。みんなサラサラサラサラ鉛筆を走らせて長い文章を写している。私も写しだしたのだが、みんなのようにサ

ラサラというわけにはいかない。先生の字は一見とても美しいのだが、ほぼ三分の二がくっついていて、私には判読不可能だ。わかるところだけ書き取っても、あまりにも飛び飛びで、意味など通じない。あんなにべったり接触した文字を、他の人たちはどうして読めるんだろう。もう、長い文章を写し終えて作業を始めている人もいる。

私は黒板をにらみつけ、額にしわを寄せているというのに。隣のアリスが終わった様子なので、読めないところを聞いていると、もうこの辺にしましょうということになり、全員が先生に紙を提出してテスト終了。私は情けなかった。字の読めない大学生なんて、いったいどこの世界にいるだろう。

私は想像力が豊かだ。というと聞こえがいいが、別の言い方をすると、ひどい勘違いをするということで、それも試験の時に必ず発揮されるという悲劇性があるから、私の学生生活は決して希望に満ちたものではなかった。構文論の試験だった、例によって豊かな想像力を発揮してしまったのは。

構文論というのは、主に文の構造の分析で、目的語がどうの、修飾語がどうの、存在文のときはこうなるといった具合に、文の構成要素を詳しくみていく授業だ。私たち外国人は、そういうことがわからなければ、そもそも文を組み立てられないわけだから、フィンランド人以上に注意を向けている分野ということになる。つまりよくできる。どんなに長い文、たとえば切れることなく一ページぐらい続くような文でも、どれがどれを修飾するか、文全体ではどんな役割を果たすか、見当をつけるのが容易だ。知らない単語とて恐れることはない。格や単語の形を見ればだいたいわかる。とはいっても、週に四時間もある盛り沢山のプログラムだったことと、試験にはかなり詳しい理論が出るとのことで、私は試験を受けるのを秋にした。キウル助教授に採点していただくことにした。

例のごとく九時から始まる試験会場に臨んだ。フィンランド人の女の子のなかには、片手にりんごを持っている人もいれば、チョコレートとバナナをかかえている人もいる。四時間の長期戦となると、戦に備える腹ごしらえが必要なのだ。私は途中でりんごをかじるほど気持に余裕がないから、試験場には筆記用具しか持っていかなかったが、海苔を巻いた大きなおにぎりでもがぶつき、合間にパリッとたくあんでも噛《か》んだら、案外試験がうまくいったのではなかったかと、今になって思う。

封筒を開けて試験問題を見た。それほど難しくなさそうだ。でも、あれっ？　最後に出ている文章分析の問題文が、いやに短い。普通だったら、一枚の紙いっぱいになるくらい長くて複雑な文が出るのに。どうしてこんなに簡単なのだろう。不思議に思いながら、問一から解答を書いていった。難なく分析問題までできた。本当に短い文が二つ。一行の中に両方ともおさまるくらい短い。短すぎるし、知らない単語もあって、何回読んでも意味がわからない。

「ピエタリが長く続いた。なんとかとなんとかの間から明りがなんとかだ」

これぐらいしかわからない。だいたい「ピエタリが長く続いた」というのは何だろう。それにこれはちょっとおかしい。「ピエタリ」という語が分格になっている。主語が分格をとりうるのは、存在文しかない。もし「ピエタリ」が主語だとすると、これは存在文なのだろうか。今「続く」と訳してみたこの動詞は、存在文で使うのだろうか。「ピエタリ」とは、レニングラードの古い呼び方だが、都市が長く続くというのはどういう意味なのだろう。どうしても「ピエタリ」が分格になっている理由がわからない。それなら、「ピエタリ」は目的語なのだろうか。そうなると意味がもっとわからなくなる。二番目の文の意味がわかればなんとかなるのだが、これがさっぱりわからない。複合語の半分の「明り」しかわからないのだから、救いようがない。文が長ければ、単語の意味がわからなくても、ある程度分析の作業はできるのだが、こんなに短くて、しかも知らない単語だけでできていると、どうしようもない。残された手がかりは「ピエタリ」と「明り」だけだ。

わかった。「ピエタリ」を都市と考えるから辻褄《つじつま》が合わないのだ。これを劇の名前と解釈したらどうだろう。劇場で「ピエタリ」という題の劇をやっているのだ。なんとかとなんとかの間の「明り」とは、きっと客席の通路側にある小さな電球のことだろう。これでやっとわかった。「ピエタリ」と「明り」の関係がはっきりした。どうしてこんな簡単なことに気づかなかったのだろう。よかったよかった。が。あれれれれ？　今まで気がつかなかったが、「明り」のほうの文の途中に、大文字で始まる単語がある。どうしてだろう。これは何か固有名詞なのだろうか。固有名詞となると大事だ。劇場の中にあるものの特別な名称なのだろうか。意味を考える上でも決め手になる。どうしよう。試験場の前にすわっていらっしゃる監督の先生に質問してみようかしら。

「これは固有名詞ですか」

と尋ねるくらい許されるだろう。そう思って私は、試験場の後ろのほうから、問題用紙片手にコトコトコトコトコト靴の音をさせながら、いちばん前にいらっしゃる先生のところまで行った。先生は、

「そうですよ。これはね、ソ連にある川の名前です」

と、教えてくださった。えっ？　川の名前!?　どうして劇場の中に川が流れているのお!?

せっかくの劇場物語も大間違いであることが判明した。ああ、こうなったらもうおしまい。また何のことだかわからなくなり振出しに戻ってしまった。もう、意味のわからないまま適当に答えるしかない。「知らない単語とて恐れることはない」などと嘯《うそぶ》いていた自分が恥ずかしい。やはり外国語では、単語を知らないと無力だ。単語を

覚えるところからまた出直しだ。

キウル助教授のところへ結果を聞きに行った。私は、最後の問題文の意味が全くわからなかったと、まず宣言した。キウル先生は、

「私も問題を見てびっくりしました。アールト先生と一緒に問題を作ったんですけどね、『最後に短い分析の問題を出してください』とアールトさんにたのんで私は先に帰ったら、彼女がこれを出したのね。これはフィンランド人には簡単だけど、あなたには難しかったでしょう。アールトさんは、あなたが試験を受けること知らなかったのね」

とおっしゃって、ピエタリ物語を説明してくださった。ピエタリが分格になっているのは、ピエタリがあまりにも大きな都市だから、いつまでたってもピエタリの外に出ないということらしい。それにあの「明り」も、ランタンのようなものだということがわかった。キウル先生がおまけしてくださったのか、私のまぐれがあたっていたのか、〈三マイナス〉を頂くことになった。

それにしても、どうして劇場だの、客席の下の明りだのと、突拍子もないことを考えついたのだろう。想像力などというものは、程々にあるほうがよさそうだ。

サウナでの赤裸々な話

サウナは、やせることが目的のお風呂だろうか？　もしそうだとすると、サウナの数およそ一〇〇万個、つまり五人に一つの割合でサウナがあるといわれるフィンランドには、太った人など一人もいないということになりそうだが、さてどうだろう。私の友達を思い出してみても、やせて華奢《きゃしゃ》な人もいたが、かなり横幅をとる人もいたような気がする。それどころか、重量級のおばさんもおじさんもたくさんいたように記憶している。とすると、サウナではやせられないのだろうか。それではいったい、フィンランドのサウナとは何なのだろう。

サウナの書をひもといてみた。昔々あるところにサウナがあった話が出ていた。それによると、昔のフィンランド人は、火は天国より来たる、ゆえに聖なり、と考えていたらしく、サウナは神聖な場所とされていたようだ。サウナの中では、熱を帯びた

サウナ小屋

石に水をかけて熱い蒸気を出す。この蒸気をlöyly《ロユリュ》と呼ぶが、この言葉にはもともと「霊魂」といった意味があったらしい。昔のフィンランド人にとって、サウナはただ単に体を洗う場所ではなかったようだ。

女性はサウナで子供を産んだ。花嫁は式に臨む前にサウナに入った。老人はサウナに運ばれ、そこで死んだ。サウナでは、すべての病気が癒されると信じられていたらしい。今ではもうこのような習慣はない。肉や穀物を保存するための乾燥室として使われることも、ほとんどない。それでは現代人にとってサウナとは何なのだろう。

サウナは外国にも広まり、それぞれの国で違った受入れ方をされた。サウナが性風俗として考えられるところもあるらしい。日本のように、やせるための一手段となった国もある。(何か物が日本に入国する時は、必ず「やせる」という冠をかぶってくる。そのほうが、即、多くの人から注目され愛されることになるからだ。インドのヨガも中国のお茶も)本家フィンランドでは、減量ということは特に考えていないようだ。汗が出るから、そのぶんいくらか体重が減るかもしれないが、水分をとればまたもとに戻ると、フィンランド人は言っている。サウナ即セックスについてはどうだろう。それについてフィンランド人はこう説明する。

サウナは裸で入るところなので、すぐにセックスと結びつけて考えられるのではないか。フィンランドでは男女が一緒にサウナに入ることはあるが、それは家族のなかだけだ。子供も大きくなれば、別々に入るようになる。フィンランドには、「サウナでは教会にいる時と同じようにふるまえ」という格言があり、サウナで騒音をたてたり、叫んだり、ののしったりしてはいけないことになっている。

私がフィンランドにいた時も、男性と一緒にサウナに入れと強制されたことは一度もなかった。レディファーストのヨーロッパだが、サウナはたいてい男、女という順序で入る。公衆サウナには、体を洗ってくれる女性がいるらしいが、彼女たちはいわば昔のお風呂屋の三助ということだから、日本の性風俗の女性とは職種が違う。公衆サウナで四〇年以上働いているという女性が、サウナと不道徳が結びつくような場面は今まで一度もなかった、と言っているのは本当だと思う。

サウナを神聖な場所と考えている人はもういないだろうが、体を洗うだけの場所というのでもなさそうだ。ただ単に熱いところにすわって汗をかくだけでなく、サウナは安らぎと瞑想《めいそう》の場だという。すべてを汗と共に流し、リラックスして精神的にも肉体的にも回復する。それがフィンランド人にとってのサウナらしい。日本のお風呂と少し似ているような気がする。

サウナはフィンランド人の生活に欠くべからざるものだが、誰にでも、どんな年齢の人にも向くお風呂だと考えられているようだ。適温は八〇〜一一〇度といわれるが、年をとった人には心臓に負担がかかって危険なので、もう少し低い温度がいい。子供と一緒に入ったこともあるが、うんと小さい子は、バケツにぬるま湯を入れてもらい、それをサウナ室の下のほうに置いてもらって、中でピチャピチャやっていた。各々に合ったサウナの入り方というものがある。

フィンランドのサウナ文化の歴史は長い。多くの民話や、その他の文学作品にもサウナが登場する。画家アクセリ・ガッレン＝カッレラは「サウナにて」という作品を残している。一五四四年に、フィンランド語で初めて『祈禱書《きとう》』が書かれたが、その中でミカエル・アグリコラは、一年中サウナを使用することが望ましいと勧めている。フィンランドでは、ビジネスマンはサウナで商談をまとめ、政治家はサウナで国家を論ずるといわれている。まさに裸と裸のつきあいだ。

私がフィンランドでいちばん最初に入ったサウナは、湖のほとりにある本格的なサウナ小屋だった。日本にあるサウナ風呂には入ったことがなかったので、私はサウナの入り方が全くわからず、ただフィンランド人の真似をしていただけだった。サウナの中には木のベンチが数段あり、みんなで腰かける。こんなにすごい熱気の中にすわって、これから何が始まるのだろうと、事情のわからない私は、不思議でならなかった。フィンランド人は皆、すぐ汗びっしょりになるが、むし暑い東京の夏に慣れている私は、そんなにすぐは汗をかかなかった。ずっとすわっていて、もう我慢ができないとなると、外へ出て湖に飛び込む。フィンランド人はすいすいと何メートルも泳いで戻ってくるが、水温が低いので、私などは一度湖の中にしゃがむと、もうぶるぶる震えだす始末だった。

サウナで暖まる。湖でほてった体を冷やす。これを何度も繰り返し、体を洗って次第にほてりがさめてくると、体は完全にリラックスしてくる。サウナ初体験の時にはよく理解できなかったことも、回を重ねるごとに明らかとなり、そのうち私にとってもサウナは生活のなかで欠かせない存在となっていった。

北ハーガの学生寮には大きなサウナがあった。つめてすわれば二〇人以上入れるだろうか。サウナの横にプールがあって、これが湖の代わりをする。寮室には、共用の小さなシャワーしかなかったので、私はサウナに入るのが楽しみだった。プールの水はそれほど冷たくなかったので、いつも二〇〇メートルぐらい泳いでいた。このサウナは、毎日は使えない。時間割があって、

1　女子の時間
2　男子の時間
3　女子と男子の時間（水着着用）

4　女子と男子の時間（水着無用）

と、決まっていた。三番と四番がなんとも不可解だったので、私はいつも一番に参加していた。隣室のヴェサ・リンタマキ君は、「すいているから」という理由で四番を好んでいたようだが、他にも理由があったのではないかしらと考えたくもなる。女子の時間というのも週に何度かあるので、私は週に三回くらい通ったところ、目が赤くなってしまった。あまり頻繁にサウナに入るのもよくないようだ。ふつう、フィンランド人は週末にゆっくりとサウナを楽しむ。週に一度か二度が適当だと思う。

この学生寮のサウナの様子を友達に知らせたところ、Nさんから手紙が来た。Nさんは長いこと上野警察の中にある記者クラブで、お茶くみお姉さんのアルバイトをしていた芸大の友人。

「この前の、混浴サウナに入るべきか、べきでないかという話については、誰かのアドバイスがあったでしょうか？　私は絶対入るべきだと思います。なにごとも経験、百聞は一見に如《し》かず、これはやはり長年の記者クラブ勤めが私に与えた教訓です」

Nさんからこういう手紙が来なかったら、私は女子と男子の時間に参加しようなどという気にならなかったかもしれない。水着無用というのはいくらなんでもちょっと、という気がするが、水着着用ならプールに行くのと同じこと。こう考えればなんでもない。

なにごとも経験、なにごとも。百聞は一見に如かず、か……。と、もぞもぞ言いながらサウナ用具一式をかかえてサウナに向かった。男子と女子は更衣室が別。洗うところも別。中央のサウナ室だけが一緒ということになっている。午後二時からというので、私は二時に一番乗りした。水着を着てシャワーを浴びサウナ室に入った。誰もいない。なあんだ。百聞は一見に如かずと言ったって、一見するものがなければ何にもならない。これではいつもと全く同じだと思って腰かけた。あれあれ。すると、ギーッといってもう一方のドアが開き、大きな男の人が入ってきた。ドキッ。彼は、変な外国人がすわっているのに気がつくと、なるべく離れたところに腰かけた。サウナ室の中は薄暗い。黙って二人ですわっているのもなんだか変だ。言葉をかわしても会話が長続きしない。ああ、まずい時に来てしまった。もっとたくさん人がいたら、何も気をつかわずにすんだのに。よりによって一人と一人。その日はサウナに入っても、ちっともリラックスしなかった。なにごとも経験とはいうけれど、こんなに肩のこるサウナはもう経験しないほうがいいと思った。

次に住んだところは一〇階建てのアパート。そこは屋上にサウナがあった。このように、どのアパートにも必ずサウナがあり、どの家族も週に一回一時間のサウナの時間が決まっている。私のところは水曜の七時からだったが、隣のキンモと一緒なので、キンモを先に行かせ、私は後半の三〇分を利用した。小さなサウナだが、サウナの小窓から海や船が見えるので、私は好きだった。それにしても、三〇分では短すぎる。次の人が来るまでに出ないと、と思うと落ち着いていられない。

アパートのサウナでは禁じられていることが一つある。それは vihta《ヴィヒタ》 の使用だ。vihta とは、白樺《しらかば》の葉っぱつき小枝の束のことで、これで体を叩《たた》くと肌によいといわれている。叩くたびに葉が落ちるから、共同のサウナでは使ってはいけない。vihta は、夏至の頃白樺の若木のなかでも葉の多い枝を折って、束ねて作るのだが、匂いがとてもよい。フリーザーに入れてとっておく冬用の vihta も夏至の頃に作っておくそうだ。上手な人が作ると、美しくて長もちする vihta になるらしい。

古いサウナ、savusauna《サヴサウナ》 にも入ったことがある。savu《サヴ》 とは煙のこと。つまり煙突がなくて、中がすすだらけのサウナ。壁に寄りかかれないけれど、何百年も昔のフィンランド人になったようで楽しかった。楽しかったといえば、冬のサウナについても話さなくてはならない。サウナは同じだが、飛び込む湖が違っている。冬は凍っているのだ。どうするかというと、凍った湖に穴をあけておく。その中に一回もぐって出てくる。この穴をアヴァントと呼ぶが、何十センチもある氷を砕いてまで湖に飛び込もうとするのだから、フィンランド人は本当にサウナが好きなのだ。

最後に住んでいたアパートは、地下室にサウナがあった。私にはサウナの順番がなかったけれど、午後四時までは好きな時に使ってよかったので、入りたい時は三〇分前にスイッチを入れた。このサウナは、足をのばしたり、寝そべったりできるようになっているし、しかも長く入っていられるので、サウナ好きの私には最高の場所だった。難しい試験の後には、必ずサウナに入って疲れをとった。実に気持がいい。身も心もさっぱりする。サウナの後の食事がまたおいしい。隣のおばさんと一緒に入ると、おばさんは必ず先に部屋へ引き揚げてゆき、私が出るまでに飲み物や食べ物を用意しておいてくれる。こんなに満ち足りた生活が他にあるだろうか。

近所の友人、日本人のT子さんのアパートにはシャワーがないので、T子さんはいつも私のところのサウナに入っていた。このように連れがいると、おしゃべりができるのでいっそう楽しい。私の誕生日は一月三十日。T子さんは一月三十一日。そこで私たちは二人のお誕生日を記念して、バースデー・サウナを一月三十日の夜中に計画した。そんな時間にサウナに入っていいものかどうか知らないが、なにしろサウナ好きの二人のことだから、実行してしまった。あんなに変わった誕生日を過ごしたのは、生まれて初めてだった。

もちろん一人でサウナに入ることもあった。授業のない日などは、午前中からサウナに入って気持よく一汗かいていた。いつだっただろう、サウナであんなに恐ろしい目にあったのは。私は一人でサウナに入っていた。ご承知のように、熱した石に水をかけ löyly が出ると室内の温度がどんどん上がる。私は一〇〇度ぐらいまで熱くなるのが好きだった。一〇〇度というとやはり熱い。全身から汗が出てポタポタとつたわるほどだ。息も苦しくなってくる。目も開けていられない。暑くて暑くてもう我慢ができない!! という時に飛び出すわけだが、その時、さあ出よう、と腰かけから下りて来てドアの取っ手を引いたら、取っ手がすっぽりぬけてしまった。私は全身から血の気がひくのがわかった。一〇〇度の中から出られない。ドアは内側にあくようになっているが、どこもつかむところがない。外には誰もいない。中の温度はいっそう上がる。ああ、もうおしまいだ。

取っ手がすっぽりぬけてから、私が外に出られるまでにどれくらい時間がかかったか、よくわからない。私は今までに、あれほど恐い経験をしたことはない。手の汗をぬぐって、板にあいていた小さな穴に指を入れ、祈るような気持で引っぱった。初めはすべったが、何度かやるうちに奇跡的にドアがあいた。ひからびた変死体にならずにすんだ。愛と感動に満ちた女の生涯を閉じるのかと思ったが、なんとか生きのびた。と、今だからこんな冗談も言っていられるが、あの時の恐ろしさといったら筆舌につくしがたい。

あんなに恐いおもいをしたのに、私はサウナを嫌いにならなかった。どうしてだろう。フィンランドを発つ日にも、私はどうしてもサウナに入りたかった。だから、私が飛行場に着いた時にはまだ髪が濡れていた。今でもフィンランドを想うと、やはりサウナが懐かしい。

森の小人たちと文学

日本人は何かあった時、騒いでそれを忘れようとすることが多い。フィンランド人はそんな時、森へ行ってしばし独りで考えるそうだ。フィンランド人は、自分たちのことを「今し方森から出て来たばかりの民族」とか「まだ木から落ちたばかりの民族」と言う。国のおよそ七割が森林地帯というフィンランドでは、人々は森の存在をどのように考えているのだろう。

お年寄りの多いパーティに行った時、ある男の人が、

「都会には男の仕事がない」

と言うと、みんなが、

「全くそのとおりだ」

と、相槌《あいづち》を打っていた。女性も男性もだ。これはいったいどういうことだろう。長

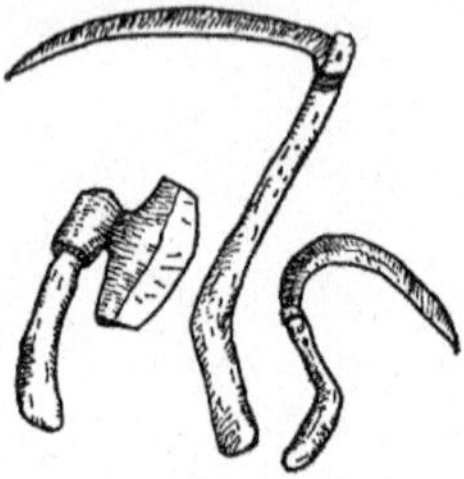

い間私は考え続けてきた。都会には男の仕事がないとすると、男の仕事はどこにあるのだろう。森の中？　木を切り、サウナ小屋を建て、野生の鳥や獣を捕らえる。フィンランド人にとっては、森の中での仕事こそが男にふさわしい仕事なのだろうか。「都会には男の仕事がない」などと言われては、たとえば東京の男性諸君はショックを受けるにちがいない。超高層ビルのオフィスでいくら一生懸命働いていても、木の一本も切り倒せないようでは男とは言いがたい。東京には男は一人もいない。フィンランド人なら、こんな風に考えるかもしれない。

フィンランド人は森の人だ。森の静かさ、小鳥のさえずりが彼らの心を安らかにする。「木と鳥だけが永遠の存在だ」と言う人さえいる。私たち日本人には想像もつかないほど、フィンランド人にとって森は大事なものなのだろう。森の中に一人ということになれば、戦争のやり方も日本人とは違ってくるかもしれない。余暇の過ごし方も、森の木陰でドンジャラホイと楽しむフィンランド人と、ほとんど静寂というものを失った東京人とではずいぶん違うと思う。

レーナが言っていた。

「日本人の男の人をうちの夏の家に招待したんだけど、全然私たちと一緒に楽しもうとしないのよ。湖のそばで日光浴しようってさそっても、森を散歩しようってさそっても、ちっとも部屋から出てこないの。彼は、『日本人は自然を愛している』って何度も言うんだけど、一度も外に出てこないで、三週間ずっと部屋の中でたばこを喫っていただけなのよ。日本人が自然を愛しているってどういうことなの？」

返事に困る。たしかに日本人は自然を愛していると言えるのだが……どうやって愛しているのかと言われても、なかなか答えにくい。それに、日本では自然をどんどん破壊して家を建てていると指摘されては、もう返す言葉もない。現代の日本人は、もう自然を愛することを忘れてしまったのだろうか。「日本人は自然を愛していた」と言ったほうがふさわしいのだろうか。

森の人たちの文学は、やはり森の文学だ。フィンランドの国民文学は一八七〇年から始まる。その年に文豪アレクシス・キヴィが『七人兄弟』を書いた。フィンランド文学の父といわれるアレクシス・キヴィのこの楽しい物語を、もちろん大学で読んだ。題名からわかるように、これは七人兄弟の話で、読み書きを強制されていやになった兄弟が、新しい生活を求めて森へ出発することになる。長男ユハニは体格がよくて力持ち。次男トゥオマスはいちばん背が高く力が強い。三男アーポは常識家で説教をする役目。四男シメオニは信心深い。五男ティモはいたって善良。六男ラウリはいつも静か、そして器用。七男エーロは体は小さいが頭がとびきりいい。彼らのうち、次男と三男、五男と六男は双生児。

学校では第五章を詳しく読んだ。七人兄弟がインピヴァーラの森へ引っ越すところ。

兄弟たちの楽しい会話や珍道中はとても面白いのだが、文豪というのは困ったもので、自分で勝手に作った言葉を並べるくせがある。こういう言葉は辞書に出ていないから、私たちのような外国人には想像もつかない。アレクシス・キヴィの言葉は、フィンランド人にとっても難しいらしい。それに私にとってはもう一つ難しいことがある。この物語は森が舞台になっているが、森のことが私にはわかりにくい。たとえば、辞書をひくと「湿地」と出てくるような言葉がいくつもあるのだが、それらがどんな風に違う湿地なのか、アスファルトの上しか歩いたことのない私には、よくわからないのだ。こういうことは考えてわかるようなことではないから困る。ちょっとフィンランドに住んだからといって、森の小人にはなりきれない。

フィンランドの文学史、私たちの使った文学史の教科書は次のように分かれていた。

一八〇九～一八八〇　ナショナルロマンティシズム
一八八〇～一八九五　レアリズム
一八九五～一九〇五　新ロマンティシズム
一九〇五～一九二〇　第二次レアリズム
一九二〇・一九三〇年代の文学
戦後

もちろん文学史の講義もあり、現代作家までの詳しい説明を聞いたのだが、なにしろ作家も作品も全く知らないところから始めるのだから、いばらの道を歩むがごとしだった。まずおびただしい数の作家と彼らの作品を覚えなくては、文学史の流れがどうこうとは言えない。文学史の他に、カレワラ、詩、散文五〇〇ページが必修の課題だった。これらをまとめて一回の試験ですますこともできるのだが、私は一つ一つ別々にやったので、ずいぶん詳しい問題が出た。文学史の時などは、もう薬を飲むようなつもりで端から覚えた。文学史にかぎらず、私はフィンランドの十九世紀の歴史が好きだ。民族の気持の高まりが、文学にも音楽にも絵画にも表現されているからだ。『七人兄弟』が終わって、私たちはミンナ・カントの『カウッパ・ロポ』を読むことになった。これは、一八八九年に書かれたレアリズムの大事な作品だが、私は読む前に何の予備知識もなかった。主人公は題名からもわかるようにロポ。これは愛称なのか、男か女どちらなのかわからない。最初に「大酒くらってロポはつかまった」とあるので、なぜか私はロポは男だというつもりで読み始めた。フィンランド語の場合、三人称単数は男女の区別がなく、「彼」も「彼女」も hän《ハン》 だから、代名詞の部分でも男か女かわからない。辞書も引かずにざっと途中まで読み進んだ時、

「その中では、ロポが唯一の女性だった」

という文に出会った。ギョッ！　私はひっくり返らんばかりに驚いた。男かと思っていたら主人公は女。もう一度初めから読み直すことにした。よく読めば、ロポはきたない恰好でスカートがどうのこうのと、最初のほうにも書いてある。主人公が男か女かというのは、何よりもまず大事なことだから、やはり最初から丹念に読まなくてはいけない。それにしても、三人称に男女の区別がないのは不便だ。フィンランド人は、そういうことに頓着《とんちゃく》しない民族なのだろうか。

丹念に読むといっても、一つ一つ辞書を引いているとやはり時間がかかる。毎週短篇を二つくらい読む宿題が出たが、つい辞書を引くのが億劫《おっくう》になって、いつもお菓子をポリポリ食べながらざっと読んだ。ある時など、主人公が急に死刑になるので、またもやギョッとして読み直したところ、とばして読んだところで彼は人を殺していた。それも人を殺したとは書いてない。

「急に大きな音がすると、あたりが静かになった」

と書いてある。主人公はピストルで「大きな音」をたてた。つまり、人を撃ったのだった。これ以来私は、お菓子ポリポリなどという態度で文学に向かうことをやめた。

文学の授業は毎週月曜日。魔の月曜日に備えて、週末はいつも小説に取り組んだ。いくら短篇小説とはいえ、辞書を引きながら読み進むというのは根気のいる作業だ。長い時間やっていると、目も頭も疲れてくる。真冬のある日曜日、あまりにも読むことに疲れたので、たくさん着込んで外へ出た。海まで散歩に行こうと思って、郵便局のわきの通りをまっすぐ歩いていった。天気のいい日曜日には、家族でスキーを楽しむ人が多いが、もう夕方だったせいか、海の上には一人もいない。時おり、遠くのほうに一人か二人、スキー姿が見えるくらいだった。沈みかけた大きな太陽を背にした向いの島に吸い込まれるように、私は海の上を歩き出した。雪の積もった氷の上を歩いて島に着いた時には、太陽はもう海の向うに沈んでいた。私の住んでいる島のほうを見ると、ぼんやりと建物の明りが見えた。真っ暗にならないうちにと、私はまた、誰もいない海の上を歩いて戻った。島はすぐ近くにあるように思えたが、歩いてみると距離がある。私は何も考えずにひたすら歩き続けた。疲れた頭を休ませるには、フィンランドはいいところだ。家を出ればすぐそばに自然があって、すべてを解放してくれるから。

フィンランド文学のなかで何か一つ挙げるとすれば、やはり叙事詩『カレワラ』がふさわしいと思う。『カレワラ』は主にカレリア地方で採集した民詩を、エリアス・レンルートが一貫した筋をもつ叙事詩として編集したもので、フィンランド人の原点ともいえる。『カレワラ』は多くの芸術家にテーマを与えた。アレクシス・キヴィは悲劇『クッレルヴォ』を書いたし、シベリウスは交響曲「クッレルヴォ」、組曲「レンミンカイネン」、交響詩「火の起源」「ポホヨラの娘」を作曲した。美術の分野では、アクセリ・ガッレン＝カッレラが『カレワラ』をテーマとした作品を多く残した。『カレワラ』は、今でもテーマとして登場することがある。

『カレワラ』の定本が出たのが一八四九年だから、およそ一三〇年の間、フィンランド人にいつも何かを与えてきたわけだ。もちろん時間は流れてゆくものだから、現代のフィンランドにはコスモポリタンもいる。文学の時間に翻訳の話になり、どんな作品を外国へ紹介したらいいか議論したが、オッリが、

「フィンランドにはコスモポリタンの作家もいるけれど、外国がフィンランドに期待するものは、いまだにやはり何かプリミティブなものなんだ。コスモポリタンなら、フランス人でもかまわないわけで、フィンランド人である必要はない」

と発言した。フィンランドはやはり『カレワラ』の国であり続けるのだろうか。

一九七〇年代にハンガリーで、フィンランドの『カレワラ』が話題を呼んだらしい。それに刺激されて、フィンランドはまた新たに自分たちの『カレワラ』を見直そうとしている。先日、織物を見た時、『カレワラ』をテーマとする作品があった。実のところ私は、「またカレワラか」と思ったのだけれど、作品は、『カレワラ』への深い理解と愛情に支えられていた。フィンランドには『カレワラ』がよく似合う。フィンランドはこれから先も『カレワラ』とともに歩み続けるだろう。国が、その国自身の問題をかかえていることは、美しいと思う。

今まで私は、フィンランド語で冗談作文を書いたことがあるが、ちょっとまじめになって小説でも書いてみようかと思う。フィンランドを舞台にするなら、どんな小説が面白いかなと、ない知恵をしぼって考えてみるのだが、なかなかいいテーマが浮かんでこない。やはり私のような、お湯を注いで三〇秒でできたインスタント森の小人には、フィンランド文学を創り出す能力は具《そな》わっていないらしい。

東大さん讃歌

ヘルシンキ大学には外国人のためのフィンランド語講座があり、誰でも無料で初歩から習えるようになっている。フィンランド人と結婚している人や仕事場で必要な人が、朝や夜のクラスにたくさん通っている。いくら英語が通じるといっても、やはりフィンランド語ができないと行動範囲が限られてしまう。もう一つには、外国人向けのクラスに行くといろいろな人と友達になれるので、はにかみ屋でうち解けるのに時間のかかるフィンランド人と仲よくなれない、友達の少ない人たちには救いの場になっているようにも思える。アフリカから来た人とインド人がフィンランド語で話しているのも変わった光景だが、中国人と日本人がフィンランド語で会話するのも、かなり不思議な感じだ。私も最初はこういうクラスに出入りしていた。

フィンランドの大学は四年制ではない。どんどん試験を受けて三年で終わる人もい

れば、勉強と仕事を交互にやって一〇年かかる人もいる。入学してから一応一〇年間は籍がある。私は一九七七年に入学したので、一九八七年まではまだ勉強してもいいことになっている。もしやる気があればの話だけれど……。

ヘルシンキ大学に日本人学生が全部で何人いるか、はっきりした数はわからないが、私がいた頃フィンランド語学科に籍を置いていたのは、F氏とM氏と私の三人だった。F氏は上智大のロシア語科を出た人だが、学生時代は何も勉強しなかったが、フィンランド語を始めてから急に言語学に興味をもったそうだ。M氏は東大言語学科の博士過程に在籍する、末は博士か大学教授かというお方だ。そして三番にひかえし私めは、彫刻のアトリエからまっすぐモスクワ経由でヘルシンキ大学にたどり着いたという、言語学的背景を全くもたない人間だから、この三人のうち、誰が誰を助けることになるかは言わなくてもわかることだ。

日本人は皆よく勉強するので、勤勉学生として評判がよかった。いつだったか金曜日の夕方、フィンランド語学科の図書館に残っていたのは私たち三人だけということもあった。私が図書館にすわっていると、いつも東大さんがはずんで入ってきて、

「今日は何をやってるんですか？　何かお手伝いしましょうか？」

とご親切なので、わからないことを尋ねると、

「書くものをちょっと……」

と言って、フィンランド語をはじめ、日本語、英語もまじえて例文を挙げ、詳しく説明してくれる。図書館のどこにどんな本があるか、誰がいつ何について論文を書き、どの雑誌に発表したか、東大さんはすべてを把握している。かきのたねと交換にラウセオッピ（統語法、構文論）のノートを貸してもらったこともあった。

「初めのほうはまだ来たばかりでよくノートがとれてません。後のほうはばかばかしくてノートをとっていません」

とは言いながらも、立派に整理されたノートのお蔭《かげ》で、私はずいぶん助かった。

ある時、東大さんが私の後ろにすわった。あちこちの棚から分厚い本をとり出して、これまた分厚いノート群と見比べている。本を読みながら、というより私の場合は眺めながらといったほうがふさわしいのだが、後ろの様子をうかがっていた。博士になるような人は、いったいどんな風に勉強（いや、ご研究というべきだ）するのか、少々興味があったからだ。時々「ウーム」とうなったり、「あっ、そうか！」などと言っている。ああいうのをきっと「学問上の発見」というのだなと、私は感動しながら拝聴していた。

東大さんは試験会場を三〇分で飛び出すという。私は四時間たっぷりない知恵をしぼる。つまり東大さんは、私なんかと比べたら八倍のスピードで前進できるのだ。私がフィンランド語だけでもフーフー言っている間に、東大さんはあっという間にハン

ガリー語もエストニア語もマスターしてしまった。全く驚くべきというか、羨《うらや》ましい限りだ。学食でコーヒーを飲みながら、

「夏目漱石がフィンランドに留学してたらどうだったでしょうねえ」

と私がきいても、

「夏目漱石がフィンランドなんか来るわけないじゃないですか。あなたはとんでもないことを考える人ですね」

と、全く相手にしてくれない。東大さんには雑念など湧かないのだ。雑念しか湧かないというのが私の特徴だから、共通の話題を見つけるのはなかなか難しい。

東大さんは私のことを美晴女史と呼ぶ。F氏にも、すっかりその言い方がうつってしまった。女史と呼ばれるほど貫禄もないし、頭がよく見えるような眼鏡も持っていないから、私にはふさわしくないと思うのだが。それだけならまだいいが、そのうち「美晴女史は完全主義者」というレッテルを貼られた。あれはいつ頃だったかしら……試験の解答を七枚書いたといったら、F氏に、

「だから女は恐ろしい」

と言われた時以来からかしら。

東大さんと私はキャラクターが全く違うので面白い。私は、

「デパートへポットを買いに行く」

と言うバタ臭い都会派。東大さんは、

「百貨店へ魔法瓶を買いに行く」

と言う、長野県の伝統派。五月に、外国人コースの学生と先生がレストランに行くことになったので、私はストックホルムで買ってきたお気に入りのショッキングピンクの上下といういでたちでお出まししたところ、学食に東大さんがすわっていて、

「あなたは衣類をたくさん持ってらっしゃる」

と言った。私はさすがに言語学を専攻する東大さんだなあと思い、

「今日は決まってるじゃん！」

とか、

「すげー色だぜ、キャイン！」

などという私の友達に、この正式な言い方を教えてあげようと心に決めた。きつい日ざしを避けるためにかけていたサングラスを見て、

「色眼鏡なんてかけてどうしたんですか？　それともそういうのは伊達《だて》眼鏡というんですか？」

と尋ねる。長野県にはまだ、サングラスとかファッショングラスとかいうカタカナの波は押し寄せていないのだろうか。

食堂でイギリス人のナイジェルが、お茶を飲みながら何か読んでいるので尋ねたと

ころ、それは東大さんがトゥルク大学で発表する原稿だという。何のことだかよくわからないので、説明を求めたら、年に一度の言語学の集いが二日にわたってトゥルク大学であり、全国からフィンランド語、スウェーデン語、一般言語学の教授が集まって研究発表するという。その中にまじって東大さんもフィンランド語で発表するというのだ。私もぜひ行ってみたい。もちろん発表しにではなく、聞きにだ。ナイジェルが、詳しいことは東大さんにきけばいいという。

夜さっそく東大さんの住んでいる学生寮に電話してみた。すると、

「大丈夫ですよ。学会なんていうのは、誰が聞きに行ってもいいんですよ。発表する人は一年前に届けを出すんですけど、聞くだけなら誰も文句は言わないでしょう。でも泊まるところはどうするんですか？」

「トゥルクには知合いがいるから、そこに泊めてもらおうと思ってるの」

「あなたはしっかりしてますねえ。東京の人はこういう時、ちゃっかりと言うのかな？　まあいいや。それではそろそろ食事の用意にとりかかろうと思いますので、この辺で……」

ということになった。お弁当にお稲荷さんをいっぱい作って、零下二〇度のなかトゥルクへ向かった。東大さんのは、内容が盛り沢山だったため制限時間内におさまらなかったが、ヘルシンキ大学の教授から、論旨をまとめて雑誌に発表するよう勧めら

れた。なにしろ東大さんはすごい。

ある時食堂で、東大さんと存在文の主語について議論していると、だんだん熱中してきて声が大きくなり、けんかしているのかと隣の人にきかれた。フィンランド語では、存在文だけが主語が分格をとりうる。存在文の否定のときは、主語は必ず分格になる。このように目的語と同じような変化をするものを主語と呼ぶのはおかしい、というのが東大さんの考え方で、彼は存在文には主語はないと主張している。日本語の主語論争における有名な例文「象は鼻が長い」を挙げて、日本語には主語がないという人と主語が二つあるという人がいることを説明してくれた。「象は鼻が長い」の主語は何かと問われて、モゾモゾ言いながら悩んでいる私に、

「何が食べたいかと聞かれて、『僕はうなぎだ』と言うでしょ。そういう文は、どう分析しますか、美晴女史！」

と迫ってくる。もちろんこういう時には、博士さまががぶり寄って勝ちとなる。

私が優勢のときもあった。まず東大さんの発言から始まる。

「大学にいる男性の九割方、あなたのことをいいと言ってますよ。あなたはヨーロッパではきれいに見えるんですよ」

「ヨーロッパでは、ですか？」

「それでは、〝は〟をとって、ヨーロッパで、と直しましょう」

「ヨーロッパで、という言葉がどうしても必要ですか?」
「わかりましたよ、わかりましたよ。美晴女史はこわいんだから……」
と、押しまくって私の勝ちだった。一〇年前なら、こんなことを言われれば頬を桜色に染めてうつむいたかもしれないが、二〇代後半の女は、物事を素直に受けとめようとしない。天使として始まった女の歴史も、もはや鬼ババアの領域に近づいて来たようだ。くわばらくわばら。

東大さんは何にでも詳しい。いつ何の本が出版されるかまで知っている。日本からも月刊「言語」を送ってもらって、日本の言語学の動きにたえず目を向けている。月刊「大相撲」を読んでいる私とはまるで違う。ある時、角田《つのだ》忠信《ただのぶ》さんの『日本人の脳』(大修館書店)という本について話してくれた。私がもっと詳しく内容を知りたいと言うと、「言語」に『日本人の脳』の特集が出ているから、見せてくれるという。『日本人の脳』は、いろいろな分野の人たちから注目を集めた話題の本だから、ここで改めて私が内容を紹介するまでもないが、東大さんの貸してくれた「言語」に出ている角田さんの「外国語学習と音楽」という論文の中で「外国語使用と脳の働き」の章を読んで、私はドキッとした。

著者自身を対象に調べると、日本語の場合には長時間の読書、執筆で優位性の逆転現象の起ることはなかったが、理解しうる外国語を使用すると、著しい逆転現象が起り、非言語状態に戻っても、不可逆的になって数時間は正常型には戻らないことを見出した。この現象は外国語の会話、読書、作文、聴取の何れでも起り得る。

とある。そして、合計二週間の英語漬け海外旅行からの帰国後、著者ご自身の脳を検査して、七日間は正常に戻らなかったという実験結果を発表していらっしゃる。二週間の英語漬けで正常に戻るのに一週間。そうすると、二年以上芬漬けになっている私の場合はいったいどうなるのだろう。

「外国語の会話、読書、作文、聴取の何れでも起り得る」

とあるが、私はこの四つを毎日気も狂わんばかりにやってきたわけだから、脳が相当異常になっているにちがいない。体を動かさずに、脳だけを酷使してきたのだから、いろいろな意味ですべてのバランスをくずしているだろう。まさか、長い間外国語漬けだったため、一生脳が正常に戻らなかったという例はないだろうが。もしかしたらあるかしら……いやだ。そんなことは絶対に困る。ああ、どうしてフィンランド語なんて始めたのだろう。それも、全力投球でやってしまった。なぜフィンランド語を始める前に、こういう本を読む機会がなかったのだろう。私の脳はもう正常に戻らないかもしれない……。

マイナスごっこ

あるアフリカ人の質問から始めよう。

「夏の間は、雪をどこに片づけておくのですか？」

こんなに素朴で楽しい質問をした外国人がいると、ピルヨが話してくれた。地球は実に大きい。地球上にはいろいろな気候帯があり、どの気候帯にも人間が住んでいる。アフリカ人はフィンランドの冬をどう受けとめるのだろう。雪だけにかぎらず、いろいろ不思議なことがあるにちがいない。フィンランドにいるアフリカ人が、アフロヘアの上に毛糸の帽子をかぶっていたり、インド人がセーターの上にサリーをまとっていたりすると、なんだか見なれないので変だったが、私以外にも相当な覚悟をもって、フィンランドで寒い冬を越そうという外国人がいるかと思うと、時には心強くも感じた。

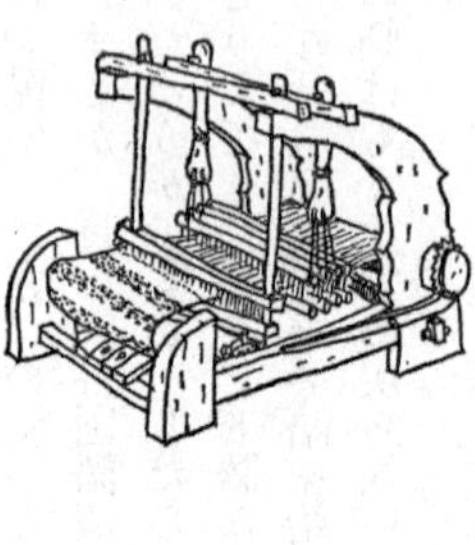

フィンランドと北海道の気候は似ているらしい。北海道から来ていたN子さんは、あまりにも気候が似ているので、外国にいるような気がしないと言っていた。一度も北国で生活したことのない私には、フィンランドの冬がマイナス一〇度とかマイナス二〇度とか言われても、実際に冬を経験するまでは何がどうなるのか、全く想像のできない世界のことだった。夏が終わり、九月になって暖房がはいると、私はもう冬の始まりかと思った。東京の冬と同じくらいの気温になる。九月からこんなに寒くてはこれからが大変と、何枚も重ね着をしたのだが、厚着しすぎて汗をかいてしまった。ちょっとやり過ぎだったようだ。いくら寒いといっても、九月、十月は一応秋なのだから、まだ誰も冬の恰好などしていない。

だんだん寒くなってゆくのも不安だったが、それと共にだんだん暗くなってゆくのも恐かった。東京の生活では、夜といえども真っ暗闇というのはありえない。街灯やネオンが夜じゅうついている。本当の「暗さ」を、私はフィンランドで初めて経験した。なにしろ暗い。学校へ行く時も暗いし、帰って来る時も真っ暗。真夜中にゴソゴソしているような感じだ。ヘルシンキでは、いちばん日照時間が短い時で五、六時間。太陽が出てくることは出てくるのだが、カラッと晴れるようなことはまずなく、薄ぼんやりとしていて、いつも夕方のようだ。夏は明るすぎて時刻がわかりにくいが、反対に冬は暗すぎて見当がつかない。それでもヘルシンキはまだいいほうで、薄ぼんやりではあるが太陽が姿を見せてくれる。

北極圏の冬は、夜ばかりだ。最北のウッヨキでは、十一月の終わり頃から二ヵ月近く夜が続くという。翌日の日の出、日の入りを告げるラジオ放送が、十一月末のある日、

「明日から太陽は出ません」

と宣言すると、北極圏の長い夜が始まる。こんなに残酷な日を、人々はどんな気持で迎えるのだろう。北極圏は、マイナス四〇度になることもあるという厳寒の地だが、寒さよりも暗さとの闘いのほうが厳しいのではないだろうか。自然と気持も沈みがちになる。夏の快活さとは反対に、口は重くなるばかりだ。そこにあるのは色のない世界、地の果ての闇。

ヘルシンキに初雪が降るのはたいてい十月。積もるわけではないが、それは長い冬の訪れを知らせる使者だ。授業中、ノートをとっていると先生が突然、

「あっ、雪だわ。初雪……また冬が……」

と、溜息をついたきり、先生も学生もしばらく窓のほうを見ていた。冬の到来。フィンランド人は、宿命的な冬を越す心の準備に入る。

各家の窓の外側には寒暖計がついている。部屋の中はどこもセントラルヒーティングで暖かく、快適に過ごせるので外の寒さがわからない。朝起きるとすぐ、窓のとこ

ろへ行って外が何度か見る。それまで寒暖計が氷点下を指すのを見たことがなかったので、朝寝坊の私も、フィンランドでは朝が楽しくて起きるのが苦にならなかった。フィンランド人は憂鬱な気持で冬を迎えるのに、初めて北国で冬を越す私の胸は期待でいっぱいだった。マイナス三度、マイナス五度と、寒くなってゆくと、私は緊張した。とうとうマイナス一〇度まで気温が下がった時、興奮のあまり家に国際電話をかけてしまった。私は寒さに感激しているというのに、母は、

「フィンランドが寒いのは知ってるわよ。あなた、大丈夫なの？　やっていけるの？」

と、案外冷静なのでつまらなかった。

大学のそばのにぎやかな通りに大きな眼鏡屋があり、ウィンドーに円形の寒暖計がついていた。授業が終わると、少し遠回りになるのだが、その寒暖計を見て帰るのが楽しみだった。というのは、その頃住んでいたアパートの私の部屋の窓には寒暖計がなかったからだ。隣の部屋の人は持っていたが、そんなにちょいちょい出入りするわけにもいかない。そこでいよいよ寒暖計を買うことにする。いちばん小さいかわいいのを買った。家に帰って隣の人に見せると、ゲラゲラ笑われた。それは冷蔵庫用だという。せっかく買ったのに。シンプルなデザインこそ最良！　と、かわいいのを選んだのに。冷蔵庫の温度を測っても仕方がないので、しばらく机の上に置いておいた。

そのかわいい「我が良き友」は、ちっともマイナスを指してくれない。マイナスどころか、部屋の中だからいつもプラス二〇度以上まで水銀が伸びている。私は不満だった。

フィンランド語で寒暖計はランポミッタリという。「寒暖計」という題の短篇小説があったので読んでみた。主人公が窓の外に寒暖計を取りつけようとするが、手をすべらせて落としてしまう。私も「我が良き友」を外側につけたいと思っていたのだが、これを読んだらなんだか不安になってきた。冷蔵庫用だから、外に釘《くぎ》でとめられるような部分がない。きちんととまっていなくて、もし落ちたら、ここは四階なのだから下の人が迷惑する。こう考えると、どうしても取りつける気にならなかった。「我が良き友」には、部屋の中でおすわりしてもらうことにした。

マイナス一五度になった時には、この喜びは友と分かち合うべきだと思い、たくさん絵はがきを送った。私がフィンランドで過ごした最初の冬には、今世紀一番というほどの大寒波がヨーロッパを見舞った。気温の記録更新はさらに続き、マイナス二〇度の日が一週間、そしてマイナス三〇度まで一気に下がった。マイナス二〇度、三〇度となると、さすがのフィンランド人も必要以外は外へ出ようとしない。フィンランド人の友人に電話をしたら、風邪をひいているから、もう一週間も外に出ていないと言っていた。彼女とは反対に、私は用もないのに喜んで外に飛び出して行った。マイナス二〇度とかマイナス三〇度とかが、どんな感じなのか確かめてみたかったからだ。たしかに強烈だった。寒いというより痛い。呼吸がしにくい。歩いているときはいいが、バス停に立ってバスを待っていると、そのまま凍ってしまいそうだ。だから寒い日には、皆バス停で跳んだりはねたり、近くを走ったりしている。

私は運よく（？）マイナス三〇度まで経験したので、それからは寒暖計を見ないで、今日は何度かを当ててみようと企てた。名づけてマイナスごっこ。息を吸った時の鼻の中の感じがこういうときはマイナス一五度とか、凍りついた道を歩いた感じによると、今日はマイナス一八度ぐらい、というように。マイナスごっこは実に楽しかった。お金がかからなくて、こんなに楽しい遊びは他にはちょっと思いつかない。マイナス三〇度の時には、

「命がけで外を歩いています」

などと、友達に大げさな厳寒レポートを送った。

よく、

「寒くて暗い冬には、フィンランドの人は何もしないのですか？」

ときかれるが、そんなことはない。いくら寒くても暗くても、学校へ行ったり会社へ行ったり、毎日同じように暮らしている。街じゅうが凍っていて、どこもスケート場のようなので、朝の通勤通学の急ぐ時間には、皆よくころぶ。私も時々滑って尻《しり》も

ちをついた。体がいったん宙に浮いて、腰からドスンと落ちる時のあの痛さ。そして、起き上がって歩行を続行するまでのきまりの悪さ。二度目の冬には、よく気をつけ、歩き方を工夫してころばないようにした。ころんだり、防寒具一式が重かったりするのは困ったことだが、もちろん楽しいことも冬にはある。スポーツがそうだ。スキー、スケートはもちろんのこと、フィンランドではアイスホッケーが盛んだ。

冬になると、どの公園もスケート場に早がわりする。家のそばにある教会の横の公園はとても広く、毎日スケートを楽しむ子供たちでいっぱいだった。公園の隅に小さな小屋が建ち、その中で着替えたり、靴をはき替えたりできる。夜は照明がつくので、九時頃まで子供たちはアイスホッケーをしていた。雪におおわれた教会と木々を眺めながらのスケートは、まるでおとぎの国の出来事のようだった。子供たちは毎日スケート靴をぶらさげて公園に集まっていたが、マイナス一〇度以下の日は、ちょっと寒すぎるので私は遠慮した。

ラジオを聞いていると頻繁に天気予報がある。どこの気温が何度、どこの氷が何センチと、いつも詳しい。海も凍るので、夏には船で渡っていた島へ、冬はバスで行ったり、歩いても行けるようになる。お天気のよい日には、道路より海の上のほうが混雑しているくらいだ。週末には島から島へと何十キロもスキーを楽しむ。スキーといってもフィンランドには山がないから、歩くスキー、クロスカントリーだ。私も湖でスキーをしたが、どこまで行っても平らなのでなんだか不思議な感じだった。海の上や湖の上を歩くというのが第一信じられない。夏の景色とは印象がずいぶん違う。夕方、誰もいなくなった湖を見ていると、時間が止まっているような錯覚に陥る。冬は神聖な空間だ。

今の若い人たちはあまりやらなくなったが、長い冬の夜を機を織って過ごす女性もいる。古着をほどいて細く切り、それを織ってマットを作る。毛糸を織って、膝《ひざ》かけや毛布を作る。どこの家にも必ず、おばあさんやお母さんの作った色とりどりのマットが敷いてある。私もすっかり織物のとりこになり、九メートルも織り続けたことがあった。織機はフィンランド語でカンガスプーといい、固いしっかりした木でできている。卓上型の小さいものから、二人で織るような大きなものまで機種もさまざまだ。家庭になくても、織機を使わせてくれるところがあるので、私のようにやったことのない人も、指導を受けながらなんとか自分のものを作って楽しめる。カンガスプーの使用料は、朝から夜まで使っても五〇〇円ぐらいだし、毛糸は家から持っていったのも使えるから、お金はかからない。きれいな色の毛糸で織っていくうちやめられなくなって、私もとうとう織機を買ってしまった。

雪にもいろいろな種類がある。雪が降るたびに私はうれしかった。今日の雪はどんなかしらと、窓から降り方を観察したり、外へ出て直に確かめたりした。雪や氷は純粋な白だ。その白が街の中の色をすべて消す。夏の空に浮かぶ白い雲も美しいが、すべてを浄化するフィンランドの冬の白も、私は好きだ。その白から、春を待つ心が生まれるような気がする。寒い日が続いても、一日一日と日が長くなってゆく。氷点下だった気温も徐々に零度近くまで上がる。不思議なもので、マイナス一〇度ぐらいから急に零度近くなると、少し暑く感じられる。さらにプラスになって雪がとけだすと、もう夏が来たのかと錯覚するほどだ。海や湖の氷がとけるのはいつ頃だろう。復活祭のお休みに、つまり四月の初め、友達と海のほうへ散歩に行った時には、まだオートバイで海の上を走っている人がいたから、完全に海が海に戻るのは四月末頃だろうか。薄い氷にのって、もし氷が割れたときは、後ろに戻りなさいとフィンランド人が注意してくれた。四月頃には、そういう事故がいつもあるらしい。

四月になれば外はもう明るい。窓から外を見ているだけでは、相当暖かそうに思える。半袖で飛び出したくなるくらいだ。長い間抑えつけられていた気持が爆発するからだろう。次第に暖かさが増し、ブーツが重く感じられてくる。フィンランドでは半年近くブーツをはいているわけだから、春が来てブーツをぬぎ、普通の靴をはくと、急に足が軽くなってなんだか足が飛んで行きそうだ。もはや凍っていない道の上を、普通の靴で歩くのが新鮮に感じられる。歩くってこういうことだったのだと。

五月一日のメーデーはヴァップといって、フィンランドでは春のお祭りも兼ねている。待ちに待った春が来たわけだから、この日は誰もが大騒ぎする。前夜祭からたっぷりお酒を浴びる人もいる。当日は老いも若きも学生時代の帽子をかぶって街を行進する。港の広場には、風船やおもちゃなど、子供たちの喜びそうなものを売るお店が所狭しと並ぶ。一年中の行事のなかでヴァップがいちばんにぎやかだ。私も隣のおばさんと港まで見物に行ったが、フィンランド人があれだけ陽気になるのを、私はそれまで見たことがなかった。やはり冬の長い北欧の人にとって、春の訪れは何ものにも代えがたいのだろう。

五月の日ざしは強い。図書館で本を読んでいても眩《まぶ》しくてやりきれないほどだ。大学は半ば頃まで試験があるので、学生は最後のまとめに励まなくてはならないが、外がこうも明るいと、室内でおとなしく本を読むなんて、とてもではないけれどできない。みんなそうだと言っていた。四月五月は春の喜びに浮かれて、落ち着いて仕事をしたり、勉強したりするのは難しい。春が来たばかりなのに、外はもう夏に向かって前進している。二日間家で試験勉強をしていて、次の日、バスで街へ行こうとしたら、バスから見える景色が二日前と全く違うのにびっくりした。一面にたんぽぽが咲いているのだ。まるできつねにつままれたようだった。このように、北欧では春を追いかけるようにして夏がやって来る。

フィンランド語の方言

フィンランドの学生は人の噂話などしないのかと思っていたら、さにあらず、やはり女性の存在するところ、ゴシップありだった。女の子たちが集まって学食でお茶を飲んでいたら、マルケッタが急に、

「ねえねえ、ミハル、知ってる？」

と小声で始めた。

「今、ここを通った人いるでしょ。あの人は方言研究室の助手なんだけどね。方言採集の旅行に行くたびに、女性も採集してくるんですって。最初の奥さんも、二番目の奥さんもそうだったみたいよ」

「へえー。そうなの？」

と、私が聞いていると、今度はピルヨが、

「この間の夏休みにL先生が離婚したらしいわよ。A先生には二人男の子がいるけど、あの先生もずっと前に別れたのよね。K先生はあんな年なのに、ついこの間結婚したばかりで、相手は弁護士。L助教授はまだ一度も結婚したことがないの」

みんな詳しい。どこからこういう情報を集めてくるのだろう。私はここでゴシップ談義をしようというのではない。ゴシップに花を咲かせていた私たちの前を、最初に通りすぎた助手が所属している、方言研究室のことを話題にしようとしているのだ。

方言の授業をとることにした。前にも外国人コースの「フィンランド語の構造と発達」で方言をやったことがあったが、今度のはキウル助教授が講義する一年続きの授業だ。かなり難しいことはわかっていたが、前に方言をやったときに面白かったので、もっと詳しい講義が聞けると思うと、のがすわけにはいかなかった。私は日本語の方言については何も知らない。日本の言語学では方言をどのように研究しているのか、さっぱりわからない。栃木県に住んでいる友達が、地元では「い」と「え」が逆になるので、「色えんぴつ」のことは「エロいんぴつ」になると言っていた。私はこんないかがわしい知識しか持ち合わせていない。そんな人間が外国語の方言をやろうというのだから、あぶなっかしくって見ている者は目をおおいたくなる。

フィンランド語の方言は大きく八つに分けることができる。

1　南西部
2　南西部とハメ地方の中間
3　ハメ地方
4　南部ポホヤンマー
5　中部・北部ポホヤンマー
6　最北部
7　サヴォ地方
8　南東部

東西に分けると、一から六までが西に、七、八が東に入る。方言の授業ではまず最初に、東西の特徴を扱う。難しすぎない程度に、ここでいくつか例を挙げてみようかと思う。

東では、長母音 aa, aä が二重母音化する。たとえば maa《マー》（国、土地）は moa《モア》, mua《ムア》になり、pää《パー》（頭）は peä《ペア》, piä《ピア》になる。どの地域が moa で、どの地域が mua か、peä と piä の分布がどうなっているかは、方言地図を開くと一目瞭然《いちもくりょうぜん》としてよくわかるのだが、いったん閉じると、すべてが不明瞭になるところが、方言の勉強の難しいところだ。

新しい外来語を除いて、フィンランド語では言葉の初めに子音が二つ並ぶことはないが、西の方言では標準の形におまけの子音がつくことがある。東ではこういうことは全くない。

東　lasi《ラシ》, lootu《ロートゥ》, renki《レンキ》, nuppi《ヌッピ》, ruusailla《ルーサイッラ》
西　klasi《クラシ》, plootu《プロートゥ》, trenki《トレンキ》, knuppi《クヌッピ》, kruusailla《クルーサイッラ》

子音二つで始まる単語が混ざっていたら、それは西の方言に間違いない。西の方言といっても六つあるわけだから、その中のどれかを言い当てるには、もっと複雑な推理の要求される探偵の仕事となる。

もう一つ。また母音の話になるが、東では uo, yö, ie の二重母音はそのままで変化はないが、西では ua, yä, iä になる。つまり、nuori《ヌオリ》 työmies《トゥオミエス》（若い労働者）は、西では nuari《ヌアリ》 tyämiäs《トゥアミアス》 ということになる。そういえば、大家さんの奥さんが huamenta《ファメンタ》（huomenta《フオメンタ》 おはよう）といつも言っていらしたような気がする。

これらはほんの少しの例にすぎない。毎回たくさんプリントが配られ、それには各方言の特徴が詳しく説明されている。そして、標準語と違う形になるのはなぜかを、二〇〇〇年前のフィンランド祖語からどう発達したかによって確認する。覚える項目だけで気が狂いそうな数だけあるのに、方言地図に出ているそれぞれの項目の分布も頭に入れておかなくてはならない。

私たちのクラス、つまりキウル助教授の授業は、東の方言から始めた。東はサヴォ地方と南東部の方言だが、サヴォ地方がさらに八つに、南東部が四つに分かれる。秋学期中、私たちのクラスは東の方言をやっていた。一年通しの授業なので、クリスマス前には試験をしなかったが、練習にと宿題が出た。音声学の記号つき方言のテキスト。その方言がどの地域のか言い当てるのだ。普通はまず東か西かの区別をつけるが、この場合はもう東の方言ということが教えられていたので、サヴォか南東部かの決め手をまず見つけ出す。サヴォの特徴が多くあるようなので、たぶんサヴォだと思う。それではサヴォの中のどこだろう。確実な決め手となるような特徴が出ているテキストはいいが、いつもなかなかそうはいかない。八つのうちのどれに当てはまるか、なんだかよくわからない。方言を分析する作業では、論理性と確かさが重視される。サヴォか南東部かまでは自信があるのだが、サヴォの八つのうちどれかとなると、それこそ「エロいんぴつ」の倒れたほうをとるしかない。よくわからなかったけれど、サヴォの東部ということにしておいた。

提出した宿題が返ってきた。先生が、みんなの出来具合や正解を説明してくださった。皆よくできていて、ほとんどの人がサヴォの東部と正しく答えたそうだ。奇跡的にサヴォの東部で合っていた。これは全く奇跡としか言いようがない。もっと驚いたことには、サヴォの東部をさらに分析し、「なんとか湖のそば」とピタリ言い当てた人が二人いるという。こうなるともう神業としか言いようがない。いったい森と湖の国フィンランドには、いくつ湖があるというのだ。一説に六万二〇〇〇とも六万六〇〇〇ともいわれている。湖の名前だって全部覚えられるわけがないのに、どこの湖のそばではどんな風に話しているかなんて、いくらなんでも凡人の能力をはるかに超えている。特に私のような地球の反対側から来た者にとって、田舎のなんとか湖のそばのなんとかばあさんがどんな風に話すかがわかっても、いったいどんな意味があるのだろう。どうしてこんな勉強をしなくてはならないのだろうと、その時思った。こういう疑問が生じるということは、私が「学問」に全く向いていないからだと思う。

もちろん方言のクラスでも、外国人は私一人だけだった。方言の授業は週三時間あったが、水曜日の一時間はいつも方言のテープを聞いた。この世に水曜日さえなかったら、どんなに楽しいことだろうと思うほど、私にとって水曜日のそのテープは恐怖だった。というのは、方言を話す人、それも純粋にその地方の言葉だけを話す人というのは、その土地に長く住んでいる人のことで、つまりおじいさんかおばあさんということになる。そして、おじいさんおばあさんは、若い人たちとどう違うかというと、歯の数が少ない。時にはほとんど歯のない人もいる。そういう人が標準語と全く違う話し方をするのだから、聞きとること、これ至難の業なのだ。私たちはそのテープを聞いてどうするかというと、話している内容と同じ標準語のテキストを見ながら、下線の引いてある言葉をその方言では何と言っているか、聞きとって書く。少しずつ、二、三回繰り返して聞くのだが、よくわからない場合のほうが多くて、私はいつも苦労した。

ある時などは、ほとんど口を開かないで喋《しゃべ》るおばあさんのテープで、さすがにこの時はフィンランド人もお手上げだったようだ。隣にすわっていた女の子が、

「私たちフィンランド人にもわからないのに、あなた、わかってるの？」

と心配してきいてくれた。わかるわけがない。全身を耳にして聞いても、何のことかさっぱりわからない。書きとった紙は毎回提出して間違いを直していただくが、キウル助教授は私の紙をご覧になって、毎回あきれていらしたにちがいない。

フィンランド語では、文字にするとdになる音が、方言ではlになったりrになったり、なくなったりする。なくなったままのところもあれば、なくなった後に他の子音が発達したところもある。一度、このdについて先生が統計をおとりになったことがあった。その時クラスには、計一七名学生がいた。

「lに聞こえた人が一一名。rに聞こえた人が五名。あとの一人は綴りの間違い」

綴りの間違い？　クラスにざわめきが起こる。穴があったら入りたいとは、こうい

う時のことだろうか。綴りの間違い一名とは、何を隠そう、私のことだ。でも、どうして先生は綴りの間違いだなんておっしゃったのだろう。せっかく聞こえたとおりに書いたのに。絶対に、私の書いたように聞こえるはずがないからだろう。ああ、それにしてもフィンランド人の耳を持っていないで、方言を勉強しようとするのは、なんて難しいのだろう。

方言の勉強にも楽しい時があった。テープの内容が面白いときは、恐怖の水曜日も愉快な水曜日に早がわり。ある時、何かのくじ引きで一等賞を取り、外国旅行をプレゼントされた田舎のおばあさんが、初めての外国旅行で見聞きしたことの話を聞いた時は、まさに抱腹絶倒だった。そんな時は、つい話に聞きほれて自分のやるべき作業を忘れてしまう。私はそれ以来、田舎のおばあさんの話が好きになった。

方言の授業をとったお蔭《かげ》で、いくらか耳が慣れたのだろうか、田舎の人の話もよくわかるようになった。話の中に方言の特徴が出てくると、聞きながら言語学的に分析して楽しんだりした。フィンランド祖語からどう発達したかも、おおよそ見当がつく。たとえば、直説法現在三人称単数「来る」は、tulee《トゥレー》だが、tulloo《トゥッロー》と言う人もいる。この場合は、tuleβi《トゥレビ》 → tuloβi《トゥロビ》 → tulovi《トゥロヴィ》 → tulov《トゥロヴ》 → tulou《トゥロウ》 → tuloo《トゥロー》 → tulloo《トゥッロー》という風に発達したものと考える。いつも人の話をこんな風に分析していると、言語学者の卵になったような気がしてくる。

ロヴァニエミという、北極圏の入口の都市に住んでいるおばあさんのところへ遊びに行ったことがある。フィンランド語で「私」は、minä《ミナ》だが、ロヴァニエミの人たちは mie《ミエ》という。mie, mie とおっしゃるそのおばあさんは、何十年も給食のおばさんとして学校で働いていらしたそうだ。フィンランドでは、女性が働くことはさほど珍しくない。女性も仕事をするという社会の歴史が長いから、いろいろな分野に女性が進出し、高い地位にもついている。このヘルミおばあさんは、長い間給食部の部長をしていらしたらしい。

お手製のおいしい夕食をご馳走《ちそう》になりながら、話し好きのヘルミさんのロヴァニエミ弁を聞いていた。たくさん面白い話をしてくださったなかでも、「牛の話」が面白かったというより、感動的でさえあった。ヘルミさんのお姉様が飼っていらした牛の話だが、お姉様は毎日毎日、そのかわいがっていた牛に話をなさったそうだ。その牛は言葉がわかるらしい。ちょっと信じられないほどよくわかるらしい。高齢のお姉様が亡くなり、ヘルミさんが牛に「死」を伝えると、牛は目から大粒の涙を流して泣いたという。

「そこにいなかった人は誰も信じてくれないけど、本当なのよ、ミハル。大粒の涙を流して泣いたのよ、牛が」

と、ヘルミさんは青い眼にうっすら涙を浮かべて話してくださった。

私はこの話を聞いてからというもの、牛肉を食べることを遠慮している。こんなに優しい気持をもった牛の肉を食べるほど、私は野蛮ではない。都会では聞くことのできない話をたくさんうかがうことができ、私は満足だった。いつまでも日の高い北極圏の夏の夕べ、私は夕食後もヘルミさんのお話に耳を傾けていた。ヘルミさんのロヴァニエミ弁が続く。ふと窓のほうに目をやったヘルミさんが、急に椅子から立ち上がり、話を中断された。

「あのビルに半旗が……

誰が亡くなったのかしら……」

ヘルミさんはしばらく澄んだ空に翻る半旗を見ていらした。外は青白い光を放つ白夜。大きなガラス窓を背にしてヘルミさんがたたずむ。私はその時、年をとるって神聖なことだと思った。

お城で誕生パーティ

お城へ引っ越すことになった。と言うと嘘になるのだけれど、うさぎ小屋の住人にとっては、そこはお城のように素晴らしいところだった。なにしろ広い。床から天井まで五メートルぐらいある。六角形のその部屋は、いちばん長い対角線が二〇メートルぐらいあるだろうか。シャンデリアが輝き、豪華な絨緞《じゅうたん》が敷かれ、高価な調度品で飾られている。家具はすべて古典調。グリーンで統一されたその部屋には、三つの大きな窓があり、窓枠は白いレースで飾られている。窓からは教会の塔が見え、夕方には鐘の音がのどかに響く。ベッドも長椅子も鏡もグリーンのベルベットでおおわれている。宝石箱を前にして鏡に向かうと、誰かが来て髪をといてくれそうな気がする。レースのかかったテーブルに向かうと、白い蝶々のようなエプロンをつけたメイドさんが、お茶でも持ってきてくれそうな錯覚に陥る。窓と窓の間に、それはそれはみご

おいしいカレリアパイ

となな大きい鏡があり、天井に届くほどの鏡のまわりは、ゴールドで花の細工が施されている。

この大広間の他に玄関ホールがあり、そこも広間と同じように美しい。玄関ホールだけでも、前に住んでいた部屋より大きいくらいだ。どうしてこんなにきれいなところへ引っ越すことになったかというと、前に住んでいたアパートに、大家さんの弟が引っ越して来るというので、私は急に出ることになった。ヘルシンキでは、アパートを見つけるのがとても難しいから、私は途方に暮れていたところ、知合いの知合いに、パーティ用に使っているホールがあって、住宅用にはできていないけれど、住んでもいいということになった。

そんなわけで、お城には台所もシャワーもなかった。小さな屋根裏部屋に冷蔵庫とコンロがあったが、流しがないので洗面所の小さな蛇口から水をくんで使った。地下にサウナとシャワーがあったので、必要なときは六階のお城から地下まで下りて行った。我がお城は外から見ると、建物の角にそびえ立つ塔になっている。その建物に住んでいるのは全部大家さんの親戚の人たちで、私は十二月一日に引っ越したのだけれども、早くも十二月六日の独立記念日には、親戚中が集まる大パーティに招待された。

夜は二時間おきにガードマンが見回りをしているので、安心して暮らせた。そういう面では何も心配はなかったのだが、なにしろお城で暮らすのは初めてだったので、なんとなく落ち着かない。高価な調度品をこわさないようにと緊張する。夜は夜で、窓を見つめているとドラキュラでも入ってくるような予感がしてくる。どうしてこんなに手もち無沙汰なのかと不思議に思っていたら、ラジオを聞くという、庶民的な楽しみ方をすっかり忘れてしまっていた。お姫様を演じきれずに広間をうろうろしていると、その愚かな姿があの大鏡に映って、よけい自己嫌悪に陥る。ああ、お城で暮らすのは難しい。

　私はお城の生活で、理想的な隣人に出会った。それは、同じ六階の住人カーリナおばさん。おばさんは五〇歳ぐらいで独身。同じ建物の一階にある子供服のお店でお針子さんをしている。引っ越してすぐ、病気で寝込んでしまった私を心配して、食事から何から世話してくれた。夜、勉強しているとコーヒーとケーキを持ってきてくれて、世間話をして帰る。一緒にサウナに行くと、必ず先に部屋へ引き揚げて行って、コーヒーとくだものの用意をしてくれる。フィンランドのいろいろなデザートもご馳走になった。

　おばさんの仕事場は一階、アパートは六階なので、時々私のところに寄り道していった。お互いその日何があったかを報告し合い、

「風邪をひかないようにね。ヘイヘイ」

と言って、おばさんは自分の部屋へ帰ってゆく。おばさんは私の話を聞くのが楽し

くてしようがないらしかった。遠い日本のこと。大学のこと。友達の話。私の生活をともに経験することで、単調な一人暮らしに振幅をつけたかったのだろう。

おばさんは器用だから、いつもカードを作ってくれた。クリスマス、誕生日、イースターはもちろんのこと、私の両親が来た時も、私がフィンランドを発つ時も、日本とフィンランドの国旗を貼ってカードを作ってくれた。おばさんは器用だけれど、楽しいことには時間をかけるらしい。紙を切ってフィンランドと日本の国旗を作るのに、夜中の二時までかかったと言っていた。

「おばさん、もし私がアメリカ人だったら、星条旗を作るのに徹夜になっていたかもしれないわね」

と、冗談を言って笑ったこともあった。

お休みの日に私がいつまでも眠っていると、壁の向うから電話をかけてきて、

「ミハル、元気？　音がしないけど、病気にでもなったんじゃないの？　いいお天気だから海まで散歩に行ってみない？」

と、デートのおさそい。

理想的隣人といっても、「あれこれ面倒味噌醤油」というわけにはいかない。お醤油を借りられないからマイナス一点というところだろうか。でも、おばさんの笑顔がそれをカバーするから、やっぱり百点満点の隣人だ。特におばさんにお世話になった

のは、私の誕生パーティの時だった。

お城に住むのも一生に一度のことだからと思い、たくさん友達を呼んでパーティを開こうという気になった。誕生日は一月三十日だが、パーティの日は二月一日土曜日に決め、大学の友達や親しい人たちに声をかけた。

「きれいなところでパーティをするので、女性はイブニングドレス、男性はタキシードで。平服では会場に入れません」

ということにした。女性はイブニングドレスといっても、さて私は何を着るべきかと悩んだ末、「あっ、そうだ」ということになった。「そう」の部分を説明すると、ドムス図書館の近くに面白い古着屋があり、ショーウィンドーにいつも昔のドレスが飾ってあるので、あそこなら変テコ・クラシックドレスがあるにちがいない。それをなんとか改良してみたらさぞ楽しいだろう、人生なんて所詮《しょせん》パロディさ、ということ。

あった。それも超大型が。五〇マルッカという値段も悪くない。家に帰って来て、あまりにも大きいちょうちん袖をまずほどいた。そこまではいとも簡単にできたのだが、ミシンも裁ちばさみもないので、その先は保留ということになった。袖だけちぎって、いつまでもほうっておいたので、カーリナおばさんが見るに見かねて、

「まだやらないの？　私が夜なべにお店のミシンで縫ってあげるわよ。ちょっと着てごらん、寸法みてあげるから」

と、本職の手をわずらわすことになった。そんなわけで、超大型も私のサイズになり、アイロンをかけると見違えるほどの新品お姫様ドレスになった。これで着るものの心配はいらない。

フィンランドでは、気軽に自分の家に人を招く。日本人が人を呼ぶとなると、これでもかこれでもかと言わんばかりに、お料理、おつまみ、お菓子、くだものを並べて歓待するが、フィンランドではお喋《しゃべ》りが中心になるので、パーティといっても食べるものがあまりないこともある。きっと食べ物があるだろうと思って、おなかをすかせて行くと、飲み物しかなかったり、もうそういうことは懲《こ》り懲《ご》りだからと腹ごしらえをして行くと、おいしいものがたくさんあったりして、初めのうちはおつきあいが難しかった。フィンランドでは、ご馳走になるときには、ふつうお花を持って行く。たくさんお酒を飲みたい人は、ワインを二本ぐらいかかえて行く。フィンランド人はお酒を飲むとき、おつまみというようなものはほとんど食べないで、ただゴクゴクと飲むから、あれはきっと相当な量だと思う。

いつも招かれているだけではなく、私も時々家に呼んで日本食を作ったりしたことはあったが、今回は大人数になるので、どのくらいの食べ物と飲み物を用意したらいいのか、全く見当がつかない。そこでウルスラに相談することにした。ウルスラのところにはポンチ用の大きなガラスのボウルがあるので、それを借りることにし、ポンチの作り方はご主人のエルッキが紙に書いてくれた。氷はウルスラがレストランから買って来てくれることになり、私はアルコ（お酒を売っているお店）へ行ってお酒を買えば、飲み物はなんとかなることになった。あとは食べ物。

声をかけたのが二〇人ちょっとだから、相当な量の食べ物を用意しなくてはならない。それも皆腹ペコ学生だから、困った困った。なにしろ私の家にはきちんとした台所がないのだから。バースデー・ケーキは、近所のT子さんが特製大型を作って当日持って来てくれることになったが、それ以外の食べ物についてはまだ何も決まっていない。ああ、どうしようと悩んでいるところへ強力な味方が現われた。大家さんがカレリアパイ五〇枚をプレゼントしてくださるという。カレリアパイはふつう、温めて、ゆで卵を混ぜたバターを上にのせて食べる。これなら手間もかからないし、腹ペコ熊たちにもうってつけだ。

というわけで、食べ物はカレリアパイ、大きな入れ物に大量サラダ、玉ねぎとソーセージを塩胡椒で炒めたのをたーくさんと、塩ゆでのえびも十分用意し、あとは色とりどりのカナッペをテーブルいっぱいに並べた。お菓子も、おせんべい、ポテトチップス等々。カーリナおばさんが、オーブンでカレリアパイを温めてくれたり、コーヒーを沸かしてくれたお蔭で、とても助かった。

予定の時刻。二人、三人と集まる。一番乗りだったのは、エストニア人のハッリとイギリス人のナイジェル。ハッリはエストニアの民族衣装、ナイジェルは、下はコットンパンツだが、上はどこから借りてきたか正真正銘のタキシードにネクタイ。二人からは珍しいエストニアのレコードとお花をもらった。男の人たちは簡単に大広間まで入場するのだが、女の子たちは会場まで入るのに時間がかかる。というのは、私の誕生日が真冬だったからだ。玄関ホールでまずコート、帽子、マフラー、手袋をとる。ここまでは男性と変わらないのだが、続いてブーツをかなぐりすて、ソックスをぬぎ、毛糸のパンツと厚手のタイツもぬいで、用意してきたストッキングにはきかえ、お上品なハイヒールをはく。時間がかかるわけだ。真冬だと、劇場などでもこういった光景が見られる。北欧の生活では、いつも大荷物を覚悟しなければならない。

レコードやお花の他にもたくさんプレゼントをもらった。お酒もおもちゃも本も。画家のケンネスは自作の絵を持ってきてくれた。ウルスラはわざわざ私の名前を入れたプーッコ（小刀）を、ヴァーサ（西側の海港都市）で買ってきてくれた。プーッコはフィンランドでは七つ道具に数えられるくらい大事なもので、森で木を削ったり、湖でとった魚を料理するときに使う。その他、ハンガリー製のピンクッションや陶器の「青い鳥」は、今でも私の宝物だ。

シャンパンを何本もかかえて来てくれたJ子さんの音頭で乾杯したり、ムシャムシャ食べたり、お喋りをしているうちに楽しく時間が過ぎていった。ハッリが山盛りに

取ってきた食べ物をパクついていたので、

「ハッリ、どう？　満足？」

ときいたところ、

「うーん、おいしいんだけどね。僕は日本料理を期待していたんだ。だって、ミハルのところにはいつもおいしい日本料理があるって、みんなから聞いてたから」

と、一言不満の声。それでもまあ、みんな飲んで騒いで、各国流の冗談を言い合って、オリンピックのようなパーティだった。マリアが、

「私もこんなところに一ヵ月でいいから住んでみたいわ」

と言っていたくらいだから、私のお城はヨーロッパの人にもお城に見えたらしい。

途中で、

「ミハル！　塩！」

（絨緞《じゅうたん》にワインをこぼしたときは、塩をふりかけておくとシミにならないらしい）というようなこともあったけれど、何度か作り足したポンチもみんなが持ってきてくれたお酒も食べ物も全部なくなった。T子さんの特製ケーキもおいしかった。ケーキのまわりに飾っておいたくだものまで一つ残らず食べてしまった。いつものセーター姿に、ボール紙で作ったネクタイをゴムでとめてきたクロードは、もう眠りかけている。生涯に最初で最後の大パーティも、そろそろおしまい。ああ、楽しかった。

私は何を言いたかったのだろう。そうだ。そのパーティに集まった、日本、カナダ、フランス、アルジェリア、ハンガリー、エストニア、イギリス、オーストラリア、フィンランド（スウェーデン語が母語の人もいたので）の人たちみんなが、最初から最後までフィンランド語だけを話し、そのフィンランド語が飛び切り上手だった、と書きたかったのだ。

作文とかけっこ

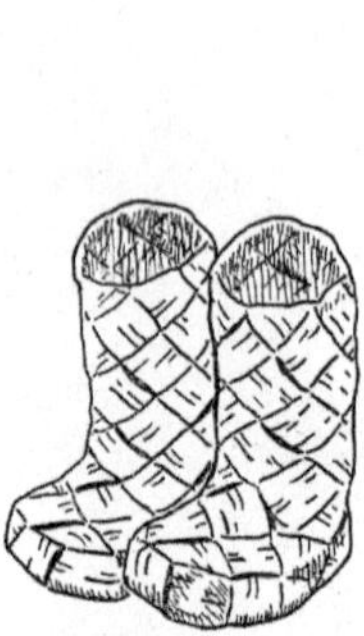
白樺の皮で作った長靴

ずいぶん前のことになるのでよく覚えていないが、いつだったかテレビで児童文化研究家の吉岡《よしおか》たすくさんが、小学生のお母様方の質問に答えていらした。そのなかに、

「子供にとって、いちばん大切なことは何ですか？」

というのがあった。吉岡さんはこの質問に、

「作文とかけっこ」

とお答えになったように記憶している。その説明の部分はよく思い出せないが、作文が頭のトレーニングに、かけっこが体力づくりに最適ということではなかっただろうか。算数とか国語というのではなく「作文」というところが興味深い。文を書く作業が子供に与えるものは何だろう？　作文によって子供たちはどう成長してゆくのだろう。

私が最後に借りていたヘルシンキのアパートには、洗濯場がなかった。コインランドリーというような便利なお店もないから、近所のウルスラのところか、T子さんの紹介で知り合ったペッカの家の洗濯機を使わせてもらっていた。ペッカは特別支援学級の先生で、授業が終わるとすぐに帰ってくるので、私は暇な時に三時頃から洗面所を占領していた。洗濯機が回っている間、うちに帰って他の用をしていることもあったが、ペッカがコーヒーを入れてくれると、洗濯が終わるまで世間話をしながら待っていることもあった。

ある時、ペッカに「作文とかけっこ」の話をし、

「生徒に作文を書かせることとあるの？」

ときくと、

「やらせてもだめなんだよ。集中して書くなんてことは誰もできやしない」

と言って、特別支援学級の一日がどんなかを説明してくれた。

「でも作文書かせたら、落着きが出てくるんじゃないかしら」

と熱心に勧めると、

「難しいなあ……。あっ、一人いたよ。作文書いたやつが。

Mentiin《メンティーン》 Tallinnaan《タッリンナーン》

Tultiin《トゥルティーン》 sieltä《シエルタ》 pois《ポイス》.

って書いたんだよ、そいつ。これは短いけど、なかなかいいよね」

その作文を訳せば、

タッリンナ（エストニアの首都タリン）へ行った。

そこから戻ってきた。

とでもなるだろうか。これはいい。ペッカが言うように、短いけれどとてもいい。普段は一行も書けない子が、これだけ表現するのだから、よほど旅行が楽しかったのだろう。もしかしたら、これが最初の外国旅行だったかもしれない。書くって何だろう。こういう作文に接すると、表現のよさとは長さなんかには全然関係のないことだとわかる。

ひとからもらった手紙はどれも大切にしているが、なかでも宝物のように思っているのが一つある。それは何年か前に初めてもらった姪からの手紙だ。その頃私は、両親と兄の家族と一緒に住んでいたから、姪たちのことは妹のように思っていた。家には剽軽《ひょうきん》でしっかり者の由香ちゃんと、小さいのによく言うことを聞くおりこうさんの里菜ちゃんと、病気がちでお医者さんに通うことの多い赤ちゃんの豪《ごう》君がいた。その頃由香はまだ幼稚園。私は、由香が字を覚えたことを知らなかった。由香から来た問

題のその手紙には、

「ゆかげんきりないいこごうかぜ」

と書いてあった。こんなに簡潔ですべてを言いつくしている手紙を、私は今まで受けとったことがあっただろうか。この一行で家の様子が手にとるようによくわかった。

子供の成長は速い。言葉を次々に覚え、文字も修得してゆく。ひらがな、カタカナ、漢字と、練習するものがたくさんある。由香の手紙も、回を重ねるごとに上達していった。私がヘルシンキで最後に受けとった由香からの手紙には、

「みはるちゃんおげんきですか。こんど、おばあちゃまや、おじいちゃまが、そっちのほうへ行きます。足でまといになるかもしれないけれど、みはるちゃんのおかあさん、おとうさんだから、気をつかってあげて下さいね。おばあちゃまにたのんで、なんかおみやげをフィンランドから、もってきて下さい」

と、内容のあることが書いてあった。子供は大人の会話を聞いて言葉を覚えていくらしい。要注意。

昔々、小学生の家庭教師をしたことがあった。国語の教科書に詩が出ているので、家でも詩を書いてくるようにと、学校から宿題が出された。その子は原稿用紙に向かって、次のように書き出した。

「きのうパパといっしょにおすしやさんへいきました。パパはさいごにおちゃといい

ました。おすしがおいしかったから、また行きたいです」

この子は私に、「詩とは何か」という永遠のテーマを投げかけてくれた。

子供に書くことを教えるのは難しい。特に日本語の場合、主語と述語が離れたところにあるので、間に挿入するものが多くなってくると、対応させるのが難しくなる。一度、次のような文を直すことになった時、私は作者が何を言いたいのかよく理解できなかった。

「ぼくは、三〇円もって、まっすぐ行って、犬がほえた」

だいたい子供の作文は元気よく「ぼくは」と始まるのだが、今回の「ぼく」は何をしたのかわからない。「犬がほえた」というところが一つの文になっているので、「ぼくは」に続くものが尻切れとんぼになっている。子供にきいてみた。

「これ、何のこと書いたの？」

「あのね、チョコレート買ったの」

「チョコレート？」

その子の話を聞いてやっとわかった。「ぼく」が三〇円持って家を出て、まっすぐな道を走っていったら、横丁から犬が出てきてほえた。危うく難をのがれた「ぼく」は、また走り続けてお菓子屋へ行き、チョコレートを買った。それがおいしかった、というのだ。元気よく「ぼくは」と始めたのはよかったが、途中犬が出てきたところで「ほえた」と終わってしまい、「ぼく」はお菓子屋さんまでたどり着かなかった。本当は、チョコレートがおいしかったことの感動を表現したかったのだろうが、結局チョコレートは最後まで姿を現わさなかった。書くことを教えるのは、本当に難しいと思う。

話題がどんどん変わっていく会話と違って、書く作業には論理性が要求される。会話の内容は本当によく飛ぶ。通訳しているとよくわかるのだが、片方に通訳している間にもう片方がとんでもないことを言い始める。ちょっとでも通訳を怠ろうものなら、双方ともトンチンカンなことを言いだして、通訳としては事態の収拾に困ることになる。会話では見えたもの、聞こえたもの、ちょっと頭に浮かんだものについて、すぐ発言しようとするから、きわめてまとまりのない羅列となる。書くときは、このようなわけにはいかない。まず静かに、自分の言葉に耳を傾けなくてはいけない。書く作業はそこから始まる。

書くときの論理的思考ということにかけては、子供より大人のほうが慣れているが、感受性となると、どうだろう。時々、子供とデタラメ合戦をして感じることだが、もしかしたら子供のほうがずっと感受性が豊かで、柔軟性に富んでいるのではないだろうか。デタラメ合戦というのは、代わりばんこに一つずつデタラメ言葉を言う遊びで、同じ言葉をまた言ったり、デタラメでなかったりすると負けになる。この遊びで負けるのはいつも大人だ。子供は尽きることなくいつまでもデタラメ言葉を言えるが、大人はいつの間にか既成の言葉に近い音を発するようになる。一度そういう言葉が飛び出すと、もう大人は既成の言葉以外の音を発するのが難しくなる。子供のほうが白紙に近いということだ。大人は、そんなに言葉に縛られているのだろうか。言葉って何だろう。

ヘルシンキにも日本人の子供たちがいる。人数が少ないのでまだ全日制日本人学校はない。私はR君の家族と仲がよく、暇な時は一年生のR君の勉強にもつきあい、にさんがろく、にしがはちと励んだこともあった。R君一家が旅行に出る時は、私が豪邸の留守を預かった。近くにUusitalo《ウーシタロ》さんという大家さんが住んでいるので安心だった。初めてママから、

「何かあったらウーシタロさんに電話してね」

と言われた時に、私はそれがフィンランド人の名前だとは思わなかった。

「えっ？　牛太郎《うしたろう》さんってだーれ？」

と、日本人の耳がキャッチしたのである。予期せぬ場合には、外国語を聞きとるのは難しい。時には母語でさえ、こういうことは起こりうる。

一度こんなことをきかれた。

「タイシコーテイって知ってる？」

そんなフィンランド語は聞いたことがないと思っていたら、それはなんと日本語の、大使公邸だった。このように日本語でさえ、予期せぬものを言われると混乱する。

R君はアメリカン・スクールに通っていたが、通信教育を受けて日本の教材も勉強していた。R君は、日本では学校に通ったことのない、フィンランドで学齢に達した一年生なのに、何もかもよくできるので私はいつも感心していた。そんなR博士にも、知らない言葉があった。日本語の「時間割」と「放課後」。どんな簡単な言葉でも、経験していないと語彙《ごい》にはならないらしい。私も案外簡単なフィンランド語を知らないのではないかと思う。

R君は私のことを「おねえさん」と呼んでくれるが、姪たちからみれば私は叔母《おば》にあたる。「おばちゃま」と呼ばれることもあるし、「みはるちゃん」と呼ばれることもある。よく観察してみると、子供たちはこれらの呼び方を使い分けているようだ。普段は「みはるちゃん」と言うことが多い。ちょっと大きな友達ぐらいに思っているからだろう。「おばちゃま」と言うときには、私からの正式な回答を要求している。つまり、相手の呼びかけによって、自分の立場が決定される。同じ呼びかけでも、誰から発せられたかでまた違う。ペッカは特別支援学級の先生でもあり、また、男が男をという少数派にも属しているので、恋人Lから「ペッカ」と呼ばれるときと、先生として学校で生徒から「ペッカ」と呼ばれるのとでは心持ちが違うと思う。

私の場合、「おばちゃま」という呼びかけで始まる姪たちの質問には、生半可な気持で答えてはいけない。

「おばちゃまは、子供の時からピアノたくさん練習したの？」

「おばちゃま、子供の時はお小遣いで何を買ったの？」

「おばちゃま、サンタクロースはいると思う？」

私は分別ある大人として、人生のよき先輩として、これまでの経験から得た人生哲学を、おもいやりのオブラートで包んで、愛情のスパイスをたっぷりふりかけて、答えなくてはならない。人生の一大事には「おばちゃま！」と言う子供たちも、ごく普通は「みはるちゃん」に戻る。横にすわってみかんを食べながら、

「みはるちゃん、これ甘いね」

というように。

「みはるちゃん、アイスクリーム買いに行こうか」

ということもある。

あれっ？　そうだったかな？　それより、

「由香ちゃん、アイスクリーム買いに行こうか」

と、私がおさそいするほうが多いんじゃないのかな？　姪たちに、「犯罪の陰には叔母がいる」なんて作文でも書かれないように、私も少しは気をつけないと……。

フィンランド語の古文

チーズを作るときの型

綴りがほとんどメチャクチャで、文法的にも間違いが多く、しかもそれが過度に装飾を施された文字で書かれているテキスト。こういうテキストを十分理解し分析するのが、フィンランド語の古文の勉強だ。

こんなことを言うと、昔のフィンランド人はデタラメなフィンランド語を書いていたのかという問合せが来そうだが、決してそうではない。表記法が違うだけだ。違うだけといっても、その違い方があまりにも著しいので、私にはメチャクチャに思える。たとえば、母音 i は i だったり ij だったり j だったり y だったりした。u も、u、v、w、wu、o というように様々で、y も y、u、i、ij、w と、時によって違った。母音だけでなく子音もそうだ。h は h、ch、c、ff、gh というように種類が豊富だし、k も k、ki、c、ck、q、g と姿を変える。これほどその時々できつねのように化けて出られると、しっぽをつかむこともできず、特に知らない単語のときなど、暗号の解けない探偵は机の上に泣き伏すしかない。

フィンランド語の父といわれるミカエル・アグリコラが最初のフィンランド語の本、『ABC-kirja《キルヤ》』を出版したのが一五三八年、あるいは一五四三年といわれている。つまり、フィンランド語の書き言葉の歴史は一五四〇年代から始まるということができる。今挙げた表記の特徴は、このアグリコラのものだ。『ABC-kirja』をはじめ、『新約聖書』『祈禱書《きとう》』など、アグリコラの書いた量は翻訳を中心として二四〇〇ページに達するといわれている。各本の序には、宗教に関連する事柄以外に一般的に有益な知識も書いてある。フィンランドへのキリスト教伝来についてもあれば、たとえば健康管理のアドバイスとかもある。

アグリコラの綴りはメチャクチャだからいやだなという第一印象を得たが、テキストをにらんでみると、どうやら文法もメチャクチャらしいことがわかる。そして内容はキリスト教に関すること。このように、綴りが自己流で文法的に大間違いで、内容が想像しにくいとなると、もう語学の勉強ではなく探偵の仕事だ。アグリコラの文法については、何が彼をそうさせたか？　という犯行の動機を私たちは調査することになる。アグリコラの書き方が現代語とどのくらい違うのか、少しご披露しておく。

（　）の中に現在の表記を示す。

honehesen (huoneeseen)《フォネーセン》, käsekw (kesäkuu)《ケサクー》, coyråho (koiruoho)《コイルオホ》, kieumeen (käymään)《キャユマーン》, kijtteuet (kiittävät)《キーッタヴァト》, leulille (löylylle)《ロユリュッレ》, swingan (suinkaan)《スインカーン》, touckå (touko)《トウコ》

アグリコラのテキストには、受け身の不定詞が出てきたり、後置詞を使った表現や冠詞の真似事のように使われる指示代名詞が出てきたりする。条件法や未来を表わす助動詞を使ったり、形式主語を用いたりもする。他にもまだまだたくさんあるのだが、これらの多くは明らかに外国語からの影響といえる。

フィンランド語史はアグリコラから始まるが、彼の後にも多くの人がフィンランド語の書き言葉の発達に貢献している。ペトラエウス、ラウレンティウス、サラムニウス、フロリヌス、ユスレニウス、リゼリウス、フロステルスなどがそうだ。ほとんどが牧師か教会関係者。この時代の人の名前がまた困る。R君のところで見せてもらった古代の動物たちの本に出てくる、ホロプチキウス、ブロントサウルス、ジプロカウルス、トリケラトプス、デスモスチルスといった恐竜の名前とごちゃまぜになりやすい。昔々、「フィンランド語は恐竜の言葉」だったのだ。

フィンランドで聖書が完訳されたのは一六四二年のことだ。これはフィンランド語史のなかで、重要な位置を占める出来事だ。表記法もアグリコラのそれとはまた違う。

最初のフィンランド語新聞は一七七五年だったが、その頃になると表記法も、だいぶ現在のものに近くなってくる。このように表記法を見れば、テキストがいつ頃のものかだいたいわかるのだが、私の場合は表記法を云々する以前に、最初の活字が読めないという致命傷があった。というのは、古文のテキストの頭文字には何のことだかわからないほど、過度の装飾が施されているからだ。教室で先生から読みなさいと言われても、私はしばらく考えた末、

「初めの文字は何ですか？」

と、最初からつまずいていた。世の中にあれほど着飾った文字があるとは思わなかった。それほど凝った活字を使っていないテキストなら、私もなんとか読んで、どちらのテキストが古いか新しいかの判断ができるようになったのだから、訓練というのはばかにならない。

古文の授業をとる前に、試験で一度、一五〇〇年代から現在に至るまでのフィンランド語の歴史を概説せよという問題が出たことがあったが、五〇〇年近い歴史をどう概説したらよいのかわからず、知っていることを端から全部書いていたら、かなり多くなってしまったことがあった。ここではせっかくフィンランド語の古文に触れたのだから、五〇〇年間の歴史すべてなどとはもちろんいかないが、もう少しフィンランド語の生い立ちについて書いてみよう。

と言っても、私はタイムマシンの免許証を持っていないので、昔のフィンランドへ旅することはできない。だから、十七世紀の「フィンランド語はくじらの言葉」であり、十八世紀の「フィンランド語はありんこの言葉」であるという私の仮説は、仮説で終わってしまうにすぎない。タイムマシンで旅行できないのは残念だけれども、大学でフィンランド語史も習ったので、どんな流れだったか、ちょっと思い出してみよう。

初めに書いたように、フィンランド語の歴史はアグリコラから始まった。彼の前にもあることはあったが、特筆するに値しないので、やはりアグリコラが第一ページを飾るにふさわしい。アグリコラの後、十六、十七世紀は、主に聖書、讃美歌、法律がフィンランド語版として姿を現わした。十八世紀に入ると、辞書、文法書、詩なども出てくる。十七世紀にも簡単な辞書はあったが、アルファベット順に並んでいなかったり、語数が少なかったりで、辞書と呼ぶにはあまりにも小規模すぎた。その点、一七四五年に出たユスレニウスの『Suomalaisen《スオマライセン》 Sana《サナ》 - Lugun《ルグン》 Coetus《コエトゥス》』には、一万六〇〇〇語が、一七八七年ガナンデルの『Nytt《ニュット》 Finskt《フィンスクト》 Lexicon《レクシコン》』には三万語が収められている。

フィンランド語では、一五四〇年から一八二〇年までの二八〇年間をVanha《ヴァンハ》 kirjasuomi《キルヤスオミ》と言って古文の扱いにしている。その間の書き言葉の特徴としては、方言との関係が大事だ。フィンランド語の基となったのは、西の方言なのだ。それも初めはトゥルク周辺で話されている南西部方言だけだったが、一六四二年の聖書翻訳グループにハメ地方の方言を話す人がいたので、ハメ方言も次第に書き言葉の中にとり入れられるようになった。そしてマティアス・サラムニウス以降は、ポホヤンマーの方言も書き言葉の発達に影響を与えている。そのかわり、古文と呼ばれる一八二〇年までは、東の方言であるサヴォ方言、南東部方言は特に書き言葉に影響を与えなかった。

どうして一八二〇年で一区切りかというと、その年にベッケルという人が「Turun《トゥルン》 Viikkosanomat《ヴィーッコサノマト》」という新聞を始めたのだ。彼は、西の方言より東の方言のほうが、規則的で完全に近いと主張した。ここから、フィンランド語の基礎を西の方言におくべきか、東の方言におくべきかという論争が始まり、方言が対決することになる。「方言の対決」という勇ましい時代でもあるが、一八〇〇年代のフィンランド語史はまた違った意味ももっている。

「我々はもはやスウェーデン人ではない。さりとてロシア人にはなりたくない。かくて我々はフィンランド人であろうぞ」

というスネルマンの標語が、国民的自覚の昂揚《こうよう》を煽《あお》り、一八二〇年代になると、知識階級もスウェーデン語で話すのをやめて、フィンランド語を用いなければならない、という国民運動に燃え上がった。言葉が大事な位置にあった。フィンランドの言語は、フィンランド語でなくてはならなかった。

一八三五年に、レンルートが復元編集した民族叙事詩『カレワラ』が世に出ると、フィンランド人の愛国心はさらに刺激された。そして、アレクサンダー二世の時代になると、フィンランド語も公用語として扱われるようになり、一八八九年には、フィンランド語の学校もスウェーデン語の学校と同じ数になった。その後は、フィンランド語の学校のほうが多くなってゆく。現在では、スウェーデン語を母語とする人は人口の約六・五パーセントといわれている。

ちょっとまじめにフィンランド語史の話をしたので、ここでいきなりゴキブリの話に移る。聞くところによると、モスクワにはゴキブリがいるそうだ。あれほどの酷寒の地にもはびこるのだから、ゴキブリの生命力は神代の昔から凄まじい。我々の星、地球はゴキブリの天国なのだろうか。ところが不思議なことに、あの強靭《きょうじん》さを誇るゴキブリがフィンランドにはいないのだ。モスクワにいるのだから、レニングラード経由でヘルシンキあたりまで大行進してもよさそうに思うのだが、フィンランドでは一度も、あの黒い光沢を放つゴキさまにはお目にかからなかった。あの強靭なゴキブリが越せないのだから、よほどソ連の国境の壁は厚いのだろう。

ゴキブリが世界でいちばん強靭な生き物かと思っていたら、そうではないらしい。もっとパワフルなのがあった。あれほど厚い国境の壁をたやすく越えて、フィンランドまで入ってくるものがある。それは言葉だ。ヘルシンキのスラングには、ロシア語の影響がみられる。もちろんフィンランド語に影響を与えているのはロシア語だけではない。スウェーデン語やドイツ語もそうだし、英語の影響力は世界のどの言語にも及んでいる。言葉はパスポートを持たないで簡単に外国へ行くことができるらしい。

　スラングといえば、ヘルシンキのキャロルというハンバーガー屋に出入りしていた若者たちを思い出す。ロックンロールを踊るいでたちでハンバーガーをほおばるお嬢さんたちは、スラングを使っていた。フィンランド語はよく、綴りのとおりに発音する言語だといわれるが、全くそうというわけではない。それに、書き言葉と話し言葉はだいぶ違うから、初めはとまどう。話し言葉だけにしか使われない形は辞書を引いても出てないから、どうしようもない。たとえばロックンロールのお嬢さんたちのハンバーガー語。本来ならば、

Minä《ミナ》 olen《オレン》 sanonut《サノヌト》 tämän《タマン》 sinulle《シヌッレ》 viisi《ヴィーシ》 kertaa《ケルター》.

となるところが、

Mä《マ》 oon《オーン》 sanonu《サノヌ》 tän《タン》 sulle《スッレ》 viis《ヴィース》 kertaa《ケルター》.

となる（意味＝私はこれをあなたに五回言いました）。mä《マ》を辞書で引いたが出ていなかったと言った外国人がいたそうだ。mä《マ》は minä《ミナ》のことで、「私」を意味する。

フィンランドにはヴェイヨ・メリという作家がいる。仮に彼がフランス語で小説を書いたとしたら、世界的な文豪になっていただろうといわれる。フィンランド語はフィンランドだけでしか話されていない。この少数派にも、やはり深刻な国語問題がある。国の公用語が二つだから、学校ではフィンランド語もスウェーデン語も教える。フィンランド語の構造があまりにもヨーロッパ諸語とかけ離れているので、外国人にフィンランド語をどうぞというわけにはいかない。この辺は日本語の立場と似ている。だからフィンランド人にとってもやはり英語が大切になってくる。フィンランドでは小学生から英語をやっている。私の友人の高校生アンソフィーは、学校でフィンランド語、スウェーデン語、英語、ドイツ語、ロシア語をやっていると言っていた。英語だけでオタオタしている日本人には、ちょっと信じられないような話だ。

外国から、ゴキブリよりも勢いよく言葉がフィンランドへ入ってくると、これからのフィンランド語はどうなるのだろう。語彙《ごい》の面でも構造の面でも、どう変化していくのだろう。今まではdの歴史が面白かったが、これからは何の変化に注目したらいいのだろう。もう一度、「フィンランド語の未来」という論文を読み直してみようか。

言葉の使い方

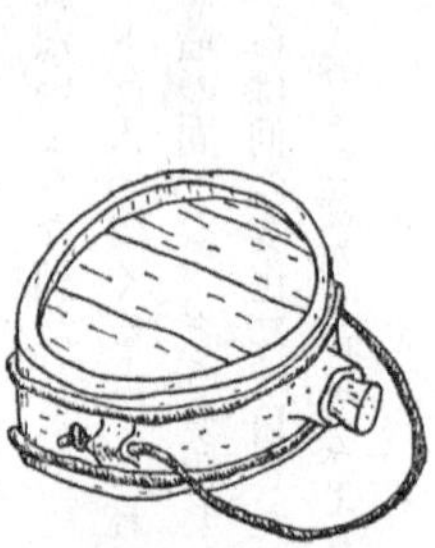

木でできている水筒

暇な時にはごそごそしたくなる。見知らぬ国の生活にも慣れてくると、そんなものだ。一本向うの通りにリークンタケスクスという体育館があり、そこで何やら教えているという情報が入ったので、聞きに行ってみた。四ヵ月続きのいろいろなコースがあるが、モダンバレエなんぞはどうだろうと、週に一度通い始めた。練習が終わると、地下にあるサウナとプールを好きなだけ使えるので、毎週楽しみに通った。

私の通ったクラスは初心者を対象としていたので、内容はそれほど難しくなかった。なかったが、である。フィンランド語でバレエを習うというのは初めてだったので、なんだかしっくりいかない。数が長すぎて字余りになってしまうのだ。先生が、1・2・3・4・5・6・7・8と数えてから動き始める。フィンランド語では、yksi《ユクシ》, kaksi《カクシ》, kolme《コルメ》, neljä《ネルヤ》, viisi《ヴィーシ》, kuusi《クーシ》, seitsemän《セイツェマン》, kahdeksan《カハデクサン》となる。7・8のあたりが特に長いので、どの辺で息を吸ったらよいやら、わからなくなってしまう。その辺の呼吸のつかみ方にまず苦労した。

家でも何かできたらと思い、ピアノを借りた。貸しピアノというのはあまりないので、一年も待ってやっと順番がまわってきたのだ。ただ独りで弾いていても面白くないから、レッスンを受けることにした。私は音楽を専攻する学生ではなかったけれど、音楽学部のピアノの先生に問い合わせたところ、誰でも習えるというので、週に一度習うことにした。フィンランド語でピアノを習うというのも初めてだった。一人のレッスン時間は三〇分。私は月曜の朝九時からだったが、たいてい先生が一五分遅刻するので、ほとんどレッスンらしいレッスンは受けられなかった。とても人類とは思えないほど大きな手をした、その遅刻魔は、毎回、

「上手に弾けたね」

と言うだけで、何も注意してくれない。たまに、弾いている途中で何かボソボソ言うのだが、私はピアノを弾いている時にはフィンランド語で言われてもピンとこないから、何のことだかわからないままに終わってしまう。ピアノはやはり、日本人の先生に教えていただいたほうがいいのだろうか。

フィンランドではピアノのある家が少ない。ピアノの先生もあまりいない。どこから聞いたのか、私のところにピアノを習いたいという子供が二人集まった。一一歳の

男の子と五歳の女の子。二人とも全くの初心者だ。フィンランドにはどんな教材があるのか知らなかったし、フィンランド語で音楽を教えるなんて自信がなかったので、私は迷ったが、どうしてもとたのまれると、断わるわけにはいかなかった。

大人の場合は、私がフィンランド語を間違えてもどうにか察してくれるが、子供の場合はそうはいかない。第一、私はフィンランド語の音楽用語を知らない。まずピアノの教則本を買って用語を覚えることから始めた。付点四分音符は、ピステーッリネンユクシネルヤスオサヌオッティという。これだけでも大変なのに、

「付点四分音符は、四分音符とその半分の長さの八分音符を合わせた長さで、一小節の中には……」

と説明する段になると、自分でも言ってることがわからなくなってくる。特に五歳の子のレッスンのときには、本当に私のフィンランド語が通じているのかどうか、いつも不安だった。

外国人にかぎらず、フィンランド語でわからないことがあったらどうすればいいのだろう。この問いに対する答えを、「言葉の使い方の練習」という授業の最初の時間に得た。ヘルシンキには国語研究所というところがあって、そこにきくと何でも教えてくれるらしい。用のある人は、電話してみるといいかもしれない。一日平均四七回、この電話が鳴るそうだ。フィンランド人はどんなことを質問するのだろう。ここに一

九七七年一月の統計があるので、書き写してみる。

○語彙	一九％
○文の構造	一五％
○複合語	一三％
○外来語	一〇％
○略語	九％
○符号の使い方	八％
○雑（語学講習等）	八％
○名称	八％
○文法	六％
○言語学用語及び理論	四％

日本にもこれに匹敵するような研究所があるかどうか知らないが、もし日本語だったら質問の内容はどうなるだろう。フィンランド語では、複合語、外来語、略語についての質問が多いようだが、日本語ではこの辺が違ってくるのではないだろうか。敬語あたりが上位に来そうな感じだ。

本当のことをいうと、私はこの「言葉の使い方の練習」という授業が大嫌いだった。というのは、このクラスでは、私はみごとに落ちこぼれていたからだ。日本の学校でも落ちこぼれていたのだろうが、私は鈍感だから気づかずにすんだ。外国の学校で落ちこぼれるとどうなるかというと、どんな鈍い人間にも、自分がみじめな立場に立っていることがよくわかってくる。やはり言葉の存在は大きい。岩波新書に渡辺照宏《わたなべしょうこう》さんの『外国語の学び方』という本がある。その中にも、

外国に留学した秀才学生が神経衰弱になったり、時には自殺したりすることさえあるというのも、ひとつにはその人の日本人としての年齢と外国語からみた能力とが並行しないからだと思います。幼児は大きい人のように複雑なことが言えないからといって別に苦にもしません。しかし留学生になるとそうはいきません。責任感もあるには違いありませんが、そのうえに、一人前の人間である自分が言語という点では半人前にも及びつかないという一種のもどかしさです。肉体が他の点ではまったく健全であるのに、ある一ヶ所だけに致命的な障害を持っているというのと似たような当惑です。

とあるが、私はこれを身をもって経験した。

「言葉の使い方」という授業では、毎回いやというほど練習問題をやる。その中でも、間違った文章を直す練習というのが私を神経衰弱に追いやった。授業の初めに先生が、間違った文章がぎっしり書いてある紙を何枚も配る。それを端から直してゆくのだ。私は、まず紙に書いてある文章を読みあげてから直すのかと思ったら、フィンランド人は、間違った文を目でササッと読み、すぐに直した文を言い始める。私なんぞは、あれっ、どこを直したのかなと口を開けているうちに、先生は、

「それでいいですね。はい、次」

と言って、先へ進んでしまう。誰の直すのも書き取れないうちに、

「はい、次。ミハル」

と、順番がまわってくる。その場で読んで理解して、正しく直さなければならない。私の場合、読んでも意味がわからない。どこが間違っているかなんてわかるわけがない。何も言わずに考えていると、

「さあ、どう直したらいいでしょうねえ」

と、先生がせかす。そんなことを言われると私も一応あせるのだが、あせったところで、わからないものはわからない。しようがないので、

「できません」

と言う。

私の他は皆二〇歳前後の学生。皆、スラスラと答える。自分よりずっと若い人たちが、あんなにたやすくできることが、私にはどうして全然わからないのだろう。そう思うと情けなくなってくる。もちろんわかっている。フィンランド語は彼らにとって母語であり、私にとって外国語だということは。フィンランド語歴に二〇年の差があるのだから、私ができなくても仕方がない、とわかっているのだが、「できません」と言う時のあのつらさ。その「できません」も一回なら、まだ留学生のご愛嬌《あいきょう》ですむだろうが、一時間に数回となると、私はもう無知蒙昧《むちもうまい》以外の何者でもない。

私はフィンランドで二回泣いたことがある。一度は、あまりに寒くて。真冬のある日、あの時はたしか零下二〇度ぐらいだったと思う。私は海沿いの道を四キロ歩いて、美術館へ行かなくてはならなかった。海からの風は冷たい。道には誰もいない。十分な防寒具で身を包んでいるのだが、膝から下がしびれているようで感じがなくなってくる。風にさらされる顔が痛い。あの時は、目的地にたどり着く前に凍死してしまうかと思った。

もう一度は、あまりにフィンランド語が難しくて。「言葉の使い方」の授業の帰り、道を歩きながらぽたぽたと大粒の涙が溢れてきた。自分の落ちこぼれぶりが、なんともやりきれなくなったのだろう。外国では、ちょっとでもいやなことがあると、すぐにも荷物をまとめて帰ろうと思う。それとは逆に、何かちょっといいことがあると、ずーっとフィンランドで暮らしてもいいなあ、などと考えたりする。外国生活での感情の動きとはそんなものだ。

それにしても、涙は何を解決してくれるのだろう。涙が出るときはまだいい。時には、涙さえ出る余裕のないこともある。「言葉の使い方」の授業をとるまでは、私は楽しんでフィンランド語を勉強していた。明日はどんな言い方を教えてもらえるだろう。どんな単語が出てくるだろう。と、私は胸をわくわくさせて大学へ通った。それが、大粒の涙ぽたぽた以来、私はすっかりやる気をなくしてしまった。

「もうフィンランド語なんてやだ！」

と宣言し、独りでピアノを弾いて時を過ごした。

飽和状態が続くと、フィンランド語に関する作業はいっさいやりたくなくなる。でも、そういう時にかぎって大がかりな宿題が出るのだ。二人ずつ組んで、新聞と雑誌の間違い探しをすることになった。私は、サリと一緒に代名詞について調べることになり、サリが雑誌、私が新聞と分担を決めた。フィンランドでいちばん発行部数が多い新聞は、「ヘルシンギン・サノマト」だが、これはページ数も多いので、やめて「デマリ」と「ウーシ・スオミ」の二紙にした。これら二紙の二日分の全記事に目を通さなくてはならない。フ――――。

新聞の端から端まで読んだことなど一度もない。時間が相当かかりそうだ。今回の作業は、ただ字面を追って代名詞にだけ印をつけ、その前後を読んで正誤を判断した。どうして代名詞なんて選んだのだろう。多すぎる。しかしよく見ると、間違いがある。私が見ても明らかに間違い（virhe《ヴィルヘ》）とわかるのもあるし、私だけの判断では virhe と決めかねるのもある。それら全部を書き写して、サリが集めた雑誌の間違いとともに検討した。特に多かったのは、先行詞が数字の場合の関係代名詞の間違い。一つのまとまりとして単数に扱うか、それとも複数に扱うかの問題だ。

作業の結果をまとめてタイプで打ち、クラスの人数分コピーした。他の人たちも同じようにし、二回の授業時間を使って発表し合った。私たちの代名詞以外には、広告の複合語についてとか流行語について。文法では、対格や受け身の使い方を調べた人たちもいた。この場合、流行語といっても、日本のようにテレビで使われるギャグなどと違って、普通の単語や言いまわしのなかで最近特に使われるものという意味だ。もちろんこの中には、外国語の表現の影響がみられるものもある。

間違い探しの作業は、時間のかかる根気のいる仕事だったが、みんなの発表を聞いて、私はまた元気とやる気を取り戻した。フィンランド人もずいぶんいろいろな間違いをするのだ。公の刊行物のなかにもこれだけ間違いがあるのだから、私のミスなどなんてことないのだ、ラン・ラ・ランと、また楽観的になった。

ピルヨがこう言っていた。

「社会人の書くものには、結構文法的な間違いが多いのよ。学校を出てから長いこと文法なんて考えてないから。それとは逆に、学校の生徒はいつもいつも文法を叩き込まれているから文法は強いんだけど、書く内容が貧弱なのよ。だから、誰の文章でも直すところはあるってこと」

まあ、そんなところだろうか。そうなると、外国人の文章というのはどう定義されるのだろう。

そんなことを考えているうちに、また大変なことになった。あの「言葉の使い方」の先生が、とんでもないことを言いだしたのだ。

「他人の文章の間違いを直す練習をたくさんやりましたから、今度は、自分で文章を書いてみましょう。何についてでもいいですから、評論文を書いていらっしゃい。本でも映画でも演劇でも、何についてでもいいです。何についての評論かを明らかにして、来週提出するように」

こんなことを言われても困る。冗談作文はよく書いたが、フィンランド語で評論文なんて、そんなまじめなもの今まで書いたことがない。たとえば何か本を読んで、それについて書くといっても、本を読み通すのに時間がかかる。映画か演劇を観てそれについてといっても、気に入らなければ書く気にもならないだろう。ああ、どうしよう。早く決めなければ、提出日に間に合いそうもない。うなりながら部屋の中を見まわした。

あっ、そうだ！　音楽がいい。音楽についてなら、書き始めるまでに時間がかからない。それに、先生も専門家でないから、評価も厳しくならないだろう。こう思って、私はピアノの上にある楽譜をぺらぺらとめくった。私はその頃、平均律をさらい直していたので、よしバッハがいい、ということになった。題は、「バッハ音楽における美」ということにし、初めてのフィンランド語評論文に挑戦開始。

どんなことになるかわからなかったが、それでもなんとか書き上げて提出。次の週には、もう戻ってきた。「流暢《りゅうちょう》で個性的。優」と書いてある。個性的？　この言葉には気をつけなくてはいけない。既成の美の、どの範疇《はんちゅう》にも当てはまらないときの評語だからだ。きっと先生は理解に苦しみ、評価に悩んだことだろう。学生さんを傷つけないようにするのは、大変だとかなんとか思いながら……。

通訳稼業あれこれ

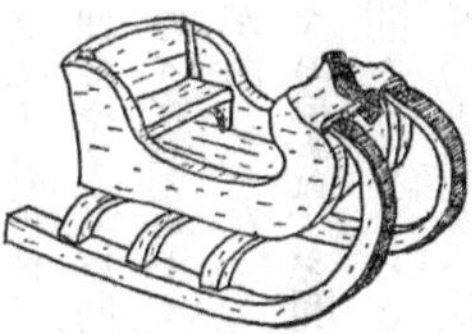

同時通訳というのがあるが、あれはどんな訓練をするとできるようになるのだろう。私のような凡人には、全く神業としか思えない。相手が話しだしたらもう始めるわけだから、私などがやったら全部デタラメになるか、あのー、そのーだけで終わりそうだ。本当に大変な仕事だと思う。私は特別に通訳の訓練を受けたわけではないが、たまにたのまれることがある。

フィンランドではAご夫妻と一週間ご一緒した。ヘルシンキ見物を二、三日なさった後、ライヤさんの実家があるラウカーに行くという予定だった。Aさんの知合いのライヤさんには日本人のご主人と二歳になる幸太《こうた》君がいて、日本に住んでもう長い。私も夏休みに東京で一度、ライヤさんに会ったことがあったので、ラウカーへ行くのは楽しみだった。Aさんは福祉に興味をおもちなので、児童養護施設、老人ホーム、託児所を見てまわり、最後に農家の生活もという希望で、ライヤさんの家から遠くない何軒かの農家にもおじゃました。ライヤさんのお母様も豚や鶏の世話、畑仕事と忙しいなか、お手製のおいしい料理や、毎日違うデザートで私たちを大歓迎してくださった。ライヤさんが日本人と結婚しているので、日本人は皆親戚のように思っているともおっしゃった。Aさんがライヤさんからのとっておきのおみやげをお母様に渡すと、お母様はもう大喜び。それはカセットテープで、中にライヤさんと幸太君の声が入っている。お母様はさっそくテープをかけて、ライヤさんの話とそのまわりで遊んでいるらしい幸太君のかわいい声を聞いて、目を細めていらした。お母様はすぐにスイッチを切り、夕飯の片づけが済んでからゆっくり聞きたいとおっしゃって、幸太も大きくなったものだとかなんとか、台所のほうへ消えていった。

みんなそろって、さて夕食となった時、ラウカーの様子もテープに入れて持って帰ったら、きっとライヤさんも喜ぶだろうということになった。単独にマイクを向けるより、夕食時にみんなで勝手に何か言い合ったほうが、話がはずむ。デザートも食べ終わって、作り方を伺っている頃、カチャッといって片面の録音が終わった。お母様と私で皿洗いをし、片づけが全部済むと、編み物をしながらさっきのテープを聞くとおっしゃって、お母様は居間のほうへいらした。私がすわって新聞をぺらぺらとめくっていると、お母様が毛糸を片手にミハル、ミハルと言いながら私のところへ戻ってらした。どこを探してもさっきのテープがないという。私もあたりを見まわし、Aさんにもトランクの中まで点検していただいたが、どこからも出てこない。不思議だ。まさか……まさかライヤさんのテープに録音してしまったのでは……。

残念だけれど、テープが消えるわけないのだから、そうとしか考えられない。Aさんは、お母様に本当に申し訳ないとおっしゃる。

「とんだことをしてしまった。帰ったらまたすぐライヤさんにたのんでテープを送るからと、そう言ってください」

と、私に通訳するようにおっしゃる。お母様とAさんの間を行ったり来たりして通訳しているうちに、とうとうお母様が、

「ライヤは忙しいから、もう録音してる暇なんてない。それに幸太の声は二度と同じじゃない」

とおっしゃって、声をあげて泣きだしてしまった。こういう時にも、フィンランド人は自分を本当に素直に表わす。間に立った私は、Aさんからは謝ってほしいと言われるし、お母様に伝えても、もう何も受け入れてくださらないしで、本当に困り果てた。お母様は大粒の涙をこぼしながら寝室に入ったきり、とうとう朝まで出ていらっしゃらなかった。

私たちは翌日の朝一番の飛行機でヘルシンキに戻ることになっていたが、私はベッ

ドの中で、もしお母様のご機嫌が朝になっても直らず、気まずいままラウカーを引き揚げることになったらどうしようかと思い、もしそうなったら私は何と言ったらいいのだろうと考えると、なかなか眠りにつけなかった。

一晩たってみんなが食堂に集まる頃には、お母様がいつものように鼻歌をうたいながら朝食の用意をしていらしたので、私たちは一安心した。Aさんは帰るまで、申し訳ない、申し訳ないとおっしゃっていたが、私は、そのことにはもう触れないほうがいいと思って、お母様には何も言わなかった。

このように通訳といっても、言葉以外の難しい事態が発生すると、なかなか処理が大変になってくる。それに短時間の通訳と違って、朝から夜寝るまで双方の言い分をよく聞いて、事がうまく運ぶようにすべてを調整していくのだから、神経が相当すりへるのは確かだ。この仕事の後も、一週間ぐらい疲れがとれなかったように記憶している。

Aさんご夫妻のときは一週間だからまだよかったが、私が帰る直前、両親が来て一緒にフィンランド中を旅行した時には、約一ヵ月通訳をすることになった。夏というといつも雨が多かったのに、一九八〇年の六月は珍しく快晴続きで、お天気に恵まれた楽しい旅行ができた。二日間湖を行く船の旅も満喫できたし、フィンランド航空の一五日間乗り放題というホリデーチケットを買って、ほとんどの都市をまわることもできた。友達がたくさんいたので、ホテルに泊まったのは一ヵ月のうち二、三回。あとはすべて友達の Kesämökki《ケサモッキ》（夏の家）で過ごした。

二人ともフィンランド語がわからないから、もちろん私が通訳することになる。通訳をしている時は、量的に普段の二、三倍喋《しゃべ》ることになる。それもかなり速いテンポで。知らない外国語というのは、何から何までわからないもので、時には訳す必要のないつまらない言葉まで、「今、何て言ったの？」と通訳にきく。Aさんご夫妻と老人ホームに行って、寝たきり老人の問題についてフィンランドと日本の現状説明を交換したときなどは、通訳として何かやりがいのようなものを感じたが、両親を連れて歩いて、朝から晩までどんなつまらないことでも二度ずつ言っていると、それも一ヵ月続くと、頭が少々おかしくなってくるのがわかった。

それに、特に両親の年代の人たちは、何かにつけ挨拶《あいさつ》が丁寧で、それがまた外国語に訳しにくいときている。通訳の立場としては、訳しにくいものはできるだけやめてほしいのだが、そうもいかない。会う人ごとに、娘が大変お世話になってどうのこうのと始まる。食事中に会話がとぎれたりすると、母が、

「こうしてお近づきになりましたのも全くねえ、何かのご縁で、本当にまあまあ……」

などと言ったりする。これくらいたくさん音を発していると、必ず、

「何て言ったの？」

と、私に視線が集まる。別に何でもないと言うわけにもいかず、「何かのご縁で」

なんてところも、無理やり訳さなくてはならない。ああつらい。全く涙で綴る通訳稼業だ。

同時通訳は年をとるとできなくなる仕事だという。それに、同時通訳をやる人のなかには精神に異常をきたす人がいると聞いたこともある。これはどういうことなのだろう。かなりの集中力、それも脳の通常の働きをはるかに超えるほどの集中力が必要なのだろう。私は、ことばは一度に一つしか可能でないと思う。ここで「ことば」とは、もちろん広義の意味でだが。つまり手でベートーベンのピアノソナタを弾きながら、口で北海盆唄《ほっかいぼんうた》を唄うというのは無理だ。少なくとも私にはできない。同時通訳とは、これに近いことを強いられる仕事なのではないかと思うのだが、どうだろう。


同時通訳の人たちは、仕事の前どんな気持になるのだろう。私は通訳をたのまれると、直前にイライラしてくる。できるかどうか不安になるからだ。内容によっては、全くわからないこともありうる。不得意な分野のことは、ほとんど無力に近い（私のようなスポーツ音痴が、陸上競技の通訳をすることになった時は、私だけでなくまわりの者まで心配そうだった）。それに、今の自分にどのくらいの能力があるのか、何ができて何ができないのかを把握することが難しいから、よけいにイライラする。フィンランド語がわかるといっても、人によって話しぐせが違うし、聞きとりにくい発音の人もいれば、わかりにくい方言しか話さない人もいる。会ってみるまでは、人柄も何もわからない。これらのすべてが、私を不安にさせるのだ。

いつも仕事が始まるまでは不安になるが、いったん始まってしまうと、心配したほどわからないこともなく、だいたい無事終わるのが常だ。ほとんど無事といっても、一回ぐらいはドキッとすることがある。いつだったか美術館で説明していて、ド忘れというのだろうか、「宗教」という言葉が出てこなかった。特に難しいという言葉ではない。いつも使っている単語が急に姿をくらましてしまったのだ。宗教……宗教……レリジョン……レリジョンとお念仏をとなえてみても、一向に出てこない。あわてればあわてるほどカッとなって、派生語から類推するなどという冷静さを失ってしまう。

フィンランドで日本人を案内するのも苦労が多いが、日本でフィンランド人のアテンドをするのも結構やっかいなことが多い。

ある時、突然フィンランドから国際電話があった。今度の週末は暇かと言う。特に予定はないと答えると、友人が日本へ行くから案内してほしいということだった。詳しいことは大使館にテレックスを送るからと言って、他のことは何も言わずに切ってしまった。翌日大使館から連絡があり、どうやら鉄の会社の重役が日本の鉄関係の会社を訪問するらしいことがわかった。一週間の日程と来る人二人の名前と帝国ホテルに泊まることがはっきりしたが、私のすべき仕事の内容については何一つ明らかにならなかった。日本の○○会社と××会社を訪問するらしいが、私もそこについて行くのだろうか。もし行くとしたら、どんな話し合いになるのだろう。鉄についての詳しい話になったら、日本語でさえ私にはチンプンカンプンだ。フィンランド語で言えることを考えてみた。

鉄は硬い。

私の言えることといったら本当にこれぐらいだ。わざわざ海を渡ってくる鉄鋼会社の重役に、「鉄は硬い」などと言ったら笑われてしまう。いや、笑うどころか同情して休養を勧めてくれるかもしれない。帝国ホテルのロビーで詳しい話を聞くまでは、不安でたまらなかった。

説明を聞くと、土曜日曜は仕事がないので、東京の面白そうなところを案内してほしいとのことだった。訪問する会社には英語の通訳がいるらしく、私は一緒に行かなくてもすむようだ。ホッとした。とっておきの一行「鉄は硬い」は、ご披露しないですんだ。お二人は前にも日本にいらしたことがあるので、今回は何が見たいか食べたいかを伺い、大まかな計画を立てた。観劇したいと言われても、なかなか適当なものがない。言葉がわからなくても楽しめるといったら、ショー形式のものか歌舞伎ぐらいだが、歌舞伎は一一時頃から始まるので、他の予定と調整がつきにくい。

団体旅行ではないので、バスや地下鉄にも乗ってみたいと希望されると、一日中歩きまわることになるから、ガイドはかなり健脚でないと務まらない。フィンランド人の場合は、特に何かを見るというより、一度にたくさんの人と車を見るだけでびっくりしてしまう。森と湖の国から来た人たちを明治神宮へ連れて行くと、とても喜ぶ。やはり木がたくさんあるところにいると安心するのだろうか。フィンランドは国の大きさが日本とほぼ同じで、人口が東京の半分以下なのだから、フィンランド人には、東京の混雑など想像もつかないようだ。一緒に電車に乗って、私がすいていてよかったと思っていると、

「電車が満員ね」

と言いだす。冬、外に出て首をすくめながら私が、

「寒いわね」

と言うと、

「フィンランドの夏みたい」

と言う。何もかも全く感じ方が違う。

フィンランド人と一緒にいると、どうしてそんなにフィンランド語がうまいのかと

いう質問から、たいてい言葉の話になり、日本語へと発展する。私たちの使っている文字は彼らにとって驚異的らしい。誰もがする質問がある。

「あなたはいくつ文字を知っていますか」

これも答えるのに困る。私は一九三八、彼は二三六二というように答えられるものではないからだ。こうなると、ひらがな、カタカナ、漢字の説明をし、漢字は中国から来たが、日本語と中国語は構造が違うと、つけ加えなければならない。

ガイドを職業としてやっている人は、何をきかれても正確に答えられるし、最新のデータを用意して備えていると思うが、私などは、何をきかれても中途半端な答えしかできない。特にフィンランドから帰ってすぐの時などは、私のほうがききたいくらいだった。東京は急速に変貌《へんぼう》してゆく。銀座を歩いていて、あそこに建設中のビルは何かときかれても全くわからない。雨がパラついてくると、年間の降雨量はどのくらいかときかれる。見たもの聞いたもののすべてをガイドにぶつけてくる。いくら東京に生まれ育ったとはいえ、いかにぼーっと生きてきたかが、こういう時に判明する。

なかには、日本の政治・経済に強い関心をもっている人もいる。私はどんな分野にも無力だが、政治・経済となると、まずいちばん最初に引っ込んだほうがよさそうだ。日本の現状を説明せよといわれても、日本の経済はどうなっているんだときかれても、何と答えていいかわからない。私が言えることといったら、これまた一行くらいなものだ。

「日本は戦後、急速に発達しました」

こんなことは、何も私が言わなくても世界中の人が知っている。今のところ、このとっておきの一行をご披露することもないが、もしフィンランドから経済に興味をもっている人が来て、私が通訳でもすることになったらどうしようかと思うと、想像しただけで心臓がドキドキしてくる。

海外適応の時間的経過
――たとえば、じゃがいもとのおつきあい――

ひきうす

外国人から、日本食にはどんなものがあるかときかれれば、たいていの人は天ぷら、すきやき、寿司と答える。私もフィンランド人に同じような質問をしてみた。フィンランドの特別な食べ物は何か、と。すると、ほとんどの人が「じゃがいも」と答える。初めは、これがどうしても理解できなかった。じゃがいもは特にフィンランドだけのものではない。日本でもとれる。ほとんど世界中にあるものが、どうしてフィンランドの特別な食べ物なのだろうかと。この謎が解けたのはずいぶん後になってからだった。つまり、フィンランドには、他の国では味わえないようなおいしいじゃがいもがとれる、ということらしい。隣のおばさんのように、

「もし外国で長く暮らすようなことになったら、私はじゃがいもを持って行く」

というほどの愛じゃが家もいる。私がフィンランドで、じゃがいもとどんなおつき

あいをしたか、じゃがいも愛憎記を綴《つづ》ってみたい。

NHKブックスから、稲村博《いなむらひろし》さんの『日本人の海外不適応』という本が出たので読んでみた。この本によると、海外適応には法則性があって、誰もがほぼ同じような経過をたどっていくという。稲村さんは、海外適応の時間的経過を、

1　移住期
2　不満期
3　諦観《ていかん》期
4　適応期
5　望郷期

の五期に分けて説明していらっしゃる。落ち着いて思い出してみると、フィンランドでの私の気持の変化が、ぴったりこれに当てはまるので、この分類にそって思い出してみようと思う。

1　移住期

フィンランドに行ってすぐの頃は、食べ物だけでなく、何もかもが物珍しかったから、無我夢中でいちいち好きだの嫌いだのと言っている余裕はなかった。気候、風俗習慣、言葉に慣れるのに精一杯だった。レストランに入ってもメニューがさっぱりわからないから、適当にたのんで出て来たものを食べるしかない。マーケットに行っても、どんな味の食べ物かわからず、形や色だけで判断して失敗することもたびたびだった。マーケットによっては英語の通じないところもあって、豚肉を買うのに豚の絵を描いて持って行ったこともあった。

この頃は、特にじゃがいものことは意識していなかったようだ。

2 不満期

初期の緊張と混乱がおさまり、生活がひととおり安定してくると、何かにつけ日本と比べるようになり、物価が高すぎるとか不便だとか感じるようになった。野菜の種類は少ないし、驚くほど高い。じゃがいもばかり食べているのに、ポテトチップスとなると日本の二、三倍の値段がするのは腑《ふ》に落ちなかった。

大学では、食堂のおばさんが大きなじゃがいもをお皿に二、三個投げ込む。とてもではないけれど、そんなに食べられない。じゃがいもをおかわりしているフィンランド人を見ると、どうしてそんなものをいっぱい食べるのだろうと不思議に思った。フィンランド人は、皮のままゆでたじゃがいもを左手のフォークでつきさして、右手のナイフで上手に皮をむく。それがまた恐ろしく速い。私も同じようにむいてみようと思うのだが、うんと時間がかかるか、皮に身がたくさんついて食べるところが少なくなるか、じゃがいも全体がみごとに破壊されるかのどれかなので、私はできればこの作業はやらずにすませたいと願っていた。

J子さんは、フィンランドに来てからじゃがいもの食べすぎで一〇キロ太ったという。皮はうまくむけないし、食べれば太るとおどかされたら、誰だってじゃがいもの顔なんか見たくなくなる。スープにじゃがいもがたくさん入っていると、お行儀が悪いことだが、私は残すようになった。隣のおばさんは、

「じゃがいもが多ければ多いほど、スープはおいしい」

と言っていたが、この件に関しては異議を唱えたい。

3　諦観期

いつもブツブツ文句ばかり並べていても、自分自身面白くなくなってくる。いくらじゃがいもを憎んだからといって、何が改善されるわけでもない。ここはフィンラン

ドなのだ。こんな北極くんだりまでやって来て、南の楽園と同じ世界を望もうというのは間違っている。いや、もし豊潤な世界がここにあったとしたら、フィンランドの魅力はなくなってしまうだろう。こんな地球の北の果てに都市があり、交通機関が完備していて、住む所も食べ物もあるのだから、むしろ感謝すべきことなのだ。

と、諦めを通りこして悟りの境地に達するようになると、じゃがいもも素直に食べられるようになる。フィンランドのすべてをあるがままに見ていこうという、ほぐれた姿勢もこの頃できてきたように思う。

4　適応期

稲村さんの説明によるとこうなる。

適応期。これは字義のごとく、適応に達した時期であり、無理なく現地生活を楽しめるものである。現地の短所も長所もよくわきまえ、その中にいる自分というものの位置づけが客観的にできて、その場の状況に合った適応が自然にできる。こうなると、現地を文字通り謳歌できるようになり、自分に与えられた条件下で充分に生活をエンジョイする。

本当にこのとおりだ。慣れてくると、もう外国にいるような気がしないほど、時間が自然に流れていく。毎日毎日が楽しい。こうなると、フィンランドを思う存分味わっているといった感じだ。

食べ物にしても、それまで苦手だったものが、フィンランドの気候にはこれが合うと、積極的に食べるようになる。それまで「生きるために食べていた」じゃがいもも、甘酢づけの魚にはじゃがいもは欠かせないと、人生の伴侶のような扱いを受けるようになる。台所でも、「お肉の横にはじゃがいもさん」と、鼻歌まじりで料理するようになると、じゃがいもとの仲もあつあつムードといったところだ。

夏の新じゃがは特においしいから、朝早く港の市場へ買いに行く。ゆでてホッカホカのうちにバターと塩で食べるのもいいし、冷えたのを味わうのもまたいい。食べようと思えば一山くらいペロリだ。もうこうなると、立派な愛じゃが家として看板がかけられそうだ。

5　望郷期

いつまでも　続くと思うな　適応期

という句がある（？）ように、外国生活はそう甘くない。どんなに新じゃががおいしいといっても、必ず米、味噌、醤油を夢に見る日が来る。フィンランドにもお米はある。あるが、やはりダイヤモンドの輝きを放つ日本のお米とは違う。つい日本の我が家の食卓を思い出してしまう。家にはいつも漬け物があった。冬の鍋物は心身ともに温まったものだ。夏食べたそうめんの、あのさっぱりした味。

こう並べてみると、今自分の求めているものが、決してじゃがいもなんかでは補えない種類のものであることに気づく。これぞまさしく望郷期なのだ。

望郷期を迎える前にも、日本でさっぱり型の食生活を営んでいる日本人は、お肉のかたまりが続くとちょっと閉口する。ヘルシンキには、レストラン「横浜」があるが、フィンランド人にも食べられるように料理してあるので、私たちの期待しているような和食とも少し違う。外国でも大きな都市には、日本のインスタント食品や干物を売る店があるが、日本人の少ないヘルシンキにはない。ヘルシンキに住む日本人のなかには、船でストックホルムまでインスタントラーメンを買出しに行く人もいるくらいだ。ヘルシンキでは、お醤油が買えることが唯一の慰めといえる。

私は家からいろいろなものを送ってもらっていた。インスタント食品や干物類は、あまり重くなくて送るのに便利だ。日本には驚くほどたくさんのインスタント食品がある。最近では乾燥納豆といって、水に浸しておくとねばねばしてくるようなものまである。海苔と干ぴょうがあれば海苔巻きができるし、稲荷寿司が食べたいときは、ご飯にお寿司の素をふりかけて、味つけのしてある油揚げの缶詰を開ければすむ。インスタント豆腐を作って、マーボー豆腐の素を用意すると、中華料理まで楽しめる。インスタントラーメンにも、いろいろ手を加えるとご馳走になるが、周囲に誰かがいるときは音をたてないように気をつけなくてはならない。おそばを音をたてずに食べていると、なんだか人に隠れて悪いことをしているような気になってくる。うどんをゆでて、乾燥小松菜、きくらげ、お麸《ふ》、とろろ昆布と、干物のすべてを出場させ、最後を生卵でしめくくったりすると、盆と正月が一度にやって来たようだ。ヘルシンキでは何度も、お麸のようなたよりないものに力づけられた。

世界でも日本料理は特殊だから、お国の料理を恋しがるのは日本人くらいなものかと思っていたら、そうではなかった。アメリカ人のジャネットも、アメリカの食べ物が恋しいと言うのだ。ハンバーガーの国からやって来たこのお嬢さんも、家族にたのんで送ってもらうらしい。航空便できのう届いたと言ってにこにこしているジャネットにきいてみた。

「何を送ってもらったの？」

「ステーキとピーナッツバター」

ピーナッツバター？　予期せぬ答えに、私は返す言葉を失ってしまった。私が海苔を送ってもらうのも、他の国の人から見れば同じように不思議なことなのだろう。

生まれ育ったところの食べ物も後々まで影響を与えるが、環境となると、自分でもどうしようもないくらいすべてを左右する。私は東京の真ん中で生まれ育ったので、いくら首都とはいえ、人口五〇万のヘルシンキにいると、どうしても大都会がなつかしくなってくる。そこでクリスマス休みを利用して外国に行ってみることにした。どこへ行こうかと、パンフレットを見ながら、スペインも楽しそうだし、ギリシャにも行ってみたいし、オランダも結構よさそうだし、エジプトもなかなかと、迷っていたが、結局大都会がいいということになり、お上りさんよろしくパリという結論を出した。その頃パリには友人夫婦が洋菓子の研究で滞在していたので、案内にも事欠かない。せっかくだから、まだ行ったことのない国を選べばよかったのだが、前にも滞在したことのあるパリに決めたのは、それだけ大都会に対する憧憬《しょうけい》が強かったのだろう。まさに「田舎のねずみ都会へ行く」といった感じだ。

パリでは、友達が一週間毎日つきあって、いろいろ案内してくれた。私が一日に何度も、

「大都会は素晴らしい」

を連発するものだから、フィンランドには白熊とトナカイと人間が二、三人しかいないと、彼らは思ったにちがいない。パリでは買い物も楽しくできるし、カフェオレを飲みながら街行く人たちを眺めているだけでも飽きない。そして、まわりから聞こえてくるフランス語の、あの快い響き。ああ、大都会で暮らしたい。

次の冬休みには、「田舎のねずみロンドンへ行く」である。またもや、パリのときと同じ理由で。ロンドンにも友達がいて、ぜひ来ないかと言ってくれる。出発の直前に彼女からはがきが届き、ロンドンは今、東京の冬と同じくらい暖かいと書いてあった。ロンドンに着いてすぐホテルからY子さんの会社に電話すると、

「はがき着いた？　ごめんなさいね。あれを書いた時は暖かかったのよ。それから急に寒くなって。今日なんかすごく寒いでしょう」

「えっ？　寒い？　飛行場に着いてすぐ、ああ、やっぱりはがきに書いてあったようにロンドンは暖かいな、って思ったのよ。あんまり暖かいから、なんだか汗ばんできて……」

「ヒェー！　汗ばむ？」

と驚いて、Y子さんはしばらく笑っていた。

Y子さんの会社が終わるまで、私は街をブラブラしていたが、通りを歩いていると汗ばんできて、コートなんぞぬぎ捨てたいと思っているのに、前から来る女の子はマ

フラーを首のまわりにぐるぐる巻きにして、その中に鼻の頭の赤い、泣きそうな顔をうずめている。寒さなんていうのはずいぶん感じ方が違うものだと思った。夕方Y子さんに会うと、大都会ロンドンへ出てきて汗ばんでいる北極ねずみの話に、会社中の人が大笑いしたという。無礼極まりない話だ。Y子さんの会社とは日本の商社で、Y子さんもロンドンへ転勤してからもう二年以上たつという。同じ会社の日本人女性と一緒にアパートを借りて住み、会社には何百人も日本人がいるという、外国とはいえ、全く日本人社会のなかにいる。

ロンドンに住んでいると、ひっきりなしに誰かがやって来るらしい。ひどいときなどは、全く知らない人から電話がかかり、妹さんの友達の知合いだがロンドンを案内してくれないか、ということがあるそうだ。私の場合は全くこれと違う。ヘルシンキを訪れる人などほとんどいない。私がヘルシンキにいる間にぜひいらっしゃってくださいと、多くの人に声をかけたのだが、誰も来ない。言っても来るわけないとわかってるからこそ、私も気軽にさそえるのだが。

聞くところによると、パリやロンドンでは五メートルおきに日本人が歩いているという。フィンランドでは五〇キロ歩いても日本人に会うことはない。それどころか、フィンランド人もいないような森へ入ってしまう。大都会と森。ずいぶん違う。大都会には楽しいことも多いが毒もある。きたない地下鉄の中で、さらにたばこを喫っている。汚れた街で犯罪が起こる。そして人間は冷たい。すがすがしく暮らせる森の中には毒はない。人間には、どれだけの毒が必要なのだろう。

パリとロンドンでは、中華料理と日本料理をたらふく食べ、おみやげに餃子の皮とこんにゃくをかかえて帰った。ヘルシンキに戻って、窓から白樺《しらかば》の木がたくさん見える台所にすわり、こんにゃくを見つめて思った。

「なんて風景に似合わない食べ物なんだろう……」

女と言葉

大学の先生が皆ハンサムで、映画俳優のようにすてきだったらいいなあと、女子大生なら誰しも思っているはずだ。しかし現実は厳しい。若くてハンサムな大学教授なんてどこにもいない。映画と現実は、こんなにもかけ離れているのだ。

しかし。

いるところにはいる。フィンランドではこのほど、若くてハンサムな大学教授が誕生した。ヘルシンキ大学一般言語学教授フレッド・カールソン。彼はトゥルク大学で教えていたが、一九八〇年九月よりヘルシンキ大学の教授として言語学を教えることになった。まだ三〇代だが、フィンランドでは彼を言語学の第一人者としている。

名前は前から知っていた。彼の本を読んだこともあった。かなり分厚い彼の言語学の本は必修科目だったので、読んで試験も受けた。なにしろ私は日本で言語学の勉強をしたことがないので、難しい専門用語やら新しい概念やらで、頭が痛くなるほど苦労した。こんなに厚い本を書くのは、どこかの大学のおじいさん先生に決まっていると、私は思い込んでいて、試験も思うようにいかなかったりすると、まだ見ぬそのおじいさん先生を憎んだりもした。

ところがところが。言語学の集いで初めて彼を見て、私はポ――。憎むべきおじいさん先生が、愛しのフレッドさまに早がわり。青春映画の主人公のような、この若くてハンサムなフレッド・カールソンがヘルシンキ大学にやって来るというので、女子学生は大騒ぎしていた。少なくとも私の知っている女の子たちは皆、一般言語学をとると言っていた。残念なことに、誠に残念なことに、彼がヘルシンキ大学の教授に就任する前に、私は日本に帰ってきてしまったので、彼の授業は聞くことができなかった。ああ、返す返すも残念なことだ。

フレッドさまのあのお姿を垣間見た時には、この言語学恐怖症の私でさえ、言語学に一生を捧げようかと思ったくらいだから、若くてハンサムな大学教授の影響力は強い。今頃、ヘルシンキ大学の一般言語学の教室は、頰を紅潮させた女子学生でひしめいていることだろう。私は若くてハンサムな先生の授業が聞けないから、今日はあの凜々《りり》しいお姿を思い出しながら、彼の論文でも読んでみようかと思う。かねがね、フィンランド語では男女でどのような差がでるのだろうかと考えていたから、性別による言語的違いを扱った論文をのぞいてみよう。

日本語では、男と女の話し方がずいぶん違う。日本人男性と結婚している外国人女性は、威勢のいい日本語を話すというし、反対に、日本人女性と結婚している外国人男性は、なよなよとした日本語を話すという。それぞれ、配偶者の話し方から日本語を覚えるからだろう。私は心配になってきた。私はフィンランド語を話しているけれど、どんな話し方をしているのだろう。意味は通じていても、もしかしたら女にあるまじき言い方でもしているのではないかしらと不安になってくる。特に日本語には、女らしいものの言い方というのがあって、男とは違った話し方をするから、もしそういったものがフィンランド語にも存在するなら、そろそろ知らないと大変ということになってくる。

フレッド・カールソンは、男女の言葉の使い方について、社会言語学の資料を用いて次のようにまとめている。

女の語彙は男よりいくらか少なく、女は表情に富む言葉、最上級、感嘆詞を好んで使う。男は、複雑な文章構造や形式的な表現を使うが、女はそれらを避けようとする。

女は、表情に富む言葉、最上級、感嘆詞を好んで使うという。つまり、女は大げさにものを言うということだ。少ない語彙を単純な文章構造に当てはめて、感嘆詞をはさみながら大げさに言う。これが女の特徴らしい。私は面白いと思った。女が大げさだというのはどこでも同じらしい。

最上級といえば、こういうことがあった。中心地のアパートに引っ越した時、まわりの様子がわからなかったので、近所のおばさんに、

「この辺で、どこかいい美容院はありませんか？」

と尋ねたところ、

「この通りの二五番地に、いい美容院がありますよ。あそこは、世界でいちばんいい美容院ですよ」

と、力をこめて推薦してくれた。

もう一つは、大学の廊下で待っていた時。隣に立っていた女の子たちが、なんとか先生の授業が面白くないと文句を言っていた。その中の一人が、

「あれは、世界一つまらない授業よ」

と大声で言ったのを、今でも覚えている。

寿岳章子《じゅがくあきこ》さんの『日本語と女』（岩波新書）には、興味深いことがたくさん書いてある。

日本語ということばの体系は、女らしさを発揮させるのにあの手この手の方策を持っている。

と始まる、「第二章　日本語における女らしさの構造」を読んでみよう。

世界中のことばが日本語のようにことばの女らしさを形にあらわしているわけでもないから、日本語の場合はかなり恣意的に作られているのではないかということが第一に指摘される。（中略）すなわち、ことばの女らしさというものは、自然的、必然的な面と、意図的あるいは恣意的な面とでできているということである。

そして寿岳さんは、女の人の話が感情的で描写的で、感嘆詞や、擬声・擬態語などを豊富に使うことが多いというようなことは、女の自然な特性であるかもしれないとおっしゃっている。それとは反対に、鼻をならしておねだりする「イヤン、バカン」というような言い方は、決して女性の生理的必然と関係しているのではないとおっしやっている。

もう一度、フィンランド語の話にもどろう。フィンランド語では、日本語のように著しい男女の差がないから、たぶん私の話し方でも特別女らしさに欠けているということにはならないと思うのだが、どうだろう。しかし、一つだけフィンランドの女性がする不思議なことがある。私は一度もそれをやったことがないのだが、そんな奇妙なことまで真似したほうがいいのやら、やはりやめておくべきなのか、長い間私は迷っている。それに、どうしてそんなことをするのか、あまりに不可解なので、その謎を解いてみたいと思って、長いこと、そのことについて考えてきた。

フィンランドの女性は息を吸いながら話すのだ。といっても、いつもではないから、正確には息を吸いながら話すことがある、と言うべきだろう。これは、フィンランドへ行って最初にびっくりしたことだ。この世にこんなことがあってよいものかと、私は自分の耳を疑った。もし日本でフィンランド語を勉強していたら、私は最後までフィンランド語が息を吸いながら話す言葉だなんて知らなかっただろう。

私にかぎらず、外国人なら誰しも不思議に思っている。ところが、フィンランド人は自分たちが特別なことをしているなどとは気づいていない。私も何人かのフィンランド人にきいてみたが、みんな何のことだかわからないといった表情で、誰も事の重大さには気づいていない様子だった。音声学の先生にもきいてみたのだが、

「そんなこと全然気がつかなかったわ。今度研究してみなくては」

と、納得のいく返事は得られなかった。こうなると、いったい誰にきいたらきちんとした説明が得られるのだろう。

新しい情報が入った。フィンランド人だけでなくスウェーデンの女性も同じようにするという。なぜ女性だけがするのだろう。そうすることによって、女らしさが表わせるのだろうか。そしてなぜフィンランドとスウェーデンなのだろう。東京に帰った時に、K君にきいてみた。すると、

「文化人類学っていうのはなんでも扱うんだけどね、自分の国のことやるときは民俗学っていうんだよ。フィンランドの民俗学の先生にでもきいてみたら？　息を吸いながら言うのが女らしさを表わすかどうかは、オカマがやるかどうか調べてみればいいじゃない」

「オカマ!?　フィンランドにオカマなんているかしら。私の知合いにはいないけど……もしオカマがやってたら、それは女らしさを表わすってこと？」

「そうだよ」

K君の指摘はなかなか鋭い。よい提案にはちがいないのだが、私が最後までオカマさんにお目にかかるチャンスがなかったので、真相が明らかにならなかったのが残念だ。

どうしてフィンランドとスウェーデンかというところが、また難しい。言語の構造からいうと、この二つは全く違うグループに入る。フィンランド語にいちばん近いエストニア語では、息を吸いながらなんてことはないと、エストニア人のハッリが言っていたから確かだろう。そうなると国の位置から考えて、寒さと関係があるのだろうか。でもノルウェーやデンマークではやらないのだから、気候とは関係がないらしい。位置からいえることは、両国が隣接しているということだけだ。これは、どちらからか伝わったと考える手がかりとなる。N子さんの緻密《ちみつ》な観察によると、フィンランドに長くいるT子さんは、日本語を話す時まで息を吸いながら言うということだ。このことから推し測ると、全く違う言語でも、やろうと思えばできるということになる。

よく観察してみると、大学の女の先生でも、講義している時にはやらないが、雑談のような時にはやったりする。つまり、リラックスしている状態の時、女性がよくやることらしい。文学の先生に伺ってみると、アメ玉をしゃぶりながら話す時と同じような快感があるのではないかとおっしゃる。快感。どうなのだろう。私がやってみると息苦しくなってきて、快感どころではないのだが。

社会学の先生に伺ってみた。すると、リラックスしている状態の時がいちばん男女の差が出ると教えてくださった。それに、どこかの国に息を吸いながらうたう歌があったのではなかったかなとおっしゃった。そこで、オペラ歌手の卵Y子ちゃんにきいてみることにした。

「ねえ、歌のことなら何でも知ってる？　息を吸いながらうたう歌ってある？」

「えー!?　そんなのないでしょ。あっ、でもね。邦楽の人たちは息つぎがわからないように、息吸いながらも練習するって言ってたわ、義太夫なんか」

義太夫？　いろいろな人の話を聞いてみるものだ。

フィンランド人にもう一度と思い、ライヤにきいてみた。

「あれはねえ、女の人と子供がやるのよ。方言を話すように、ちょっと恥ずかしいことなの。息を吸いながら言うのはねえ、itkuvirsi《イトクヴィルシ》の時、よくやるわよ」

女と子供がやるという。男も子供の時はやっているのに、どうして大人になるとやらなくなるのだろう。こういうことも考えられる。肺活量の問題。フィンランド語は言葉が長いから、息が最後まで続かないのではないか。特に女と子供は成人男性と比べたら肺活量が少ない。短い言葉のときも吸って言うことがあるのは、くせになっているからだろう、と考えてみたのだが、女と子供の肺活量が少ないのは、なにもフィンランド人に限った話ではないので、決定的な説明にはなりそうもない。どうもだめだ。私の頭では。

こんな時フィンランド人ならapua!《アプア》（助けて！）と叫ぶのだろうか。私は、民族音楽の小泉文夫《こいずみふみお》先生にapua!と助けを求めることにした。小泉先生は、面識がなかったにもかかわらず、電話で親切にお話ししてくださった。先生のお話によると、アフリカのコザ族も、息を吸いながら言うということだ。コザ族のコの部分は吸って言うらしい。それから、青森県のホーハイ節では、ホーハイ、ホーハイと言う時のホーを吸いながら言う人もいるということだ。それに、アイヌやエスキモーもそういうことがあるかもしれないと、小泉先生はおっしゃる。なあんだ。ずいぶんいろいろなところに息を吸いながら言う人たちがいるってことだ。

ライヤが言っていた itkuvirsi についてはどうだろう。itku（泣く）、virsi（讃美歌）。これは、カレリア地方の風習で、嫁ぐにあたり娘が生まれ育った家を出る時と、人が死んだ時に歌う悲しみの歌らしい。専門の泣き屋がやるときもあるそうだ。小泉先生は、泣く時には特に子供などは吸いながら言うじゃありませんかとおっしゃる。そういえばそうだ。「泣きじゃくる」というのがある。泣いている時には呼吸がかなり乱れることになるから、息を吸いながらも言っているのだ。いろいろなことが明らかになってきた。

でもまだわからない。なぜなのか。音声学でもなぜかは説明がつかない。小泉先生は、

「なぜだかわからないことなんて、たくさんあるじゃありませんか。こういうことがあるということを、報告するだけでいいんですよ」

とおっしゃる。そう言われてみればそうだ。今まであまりにも不可解だから、なぜだろうなぜだろうと理由を考えてきたけれど、世の中には理由のわからないことがたくさんあるのだ。

それにしても、フィンランド人はいったいどうなっているのだろう。

「今朝はね、ハムのサンドウィッチを食べたの。それがとてもおいしかったのよ」

二つ目の文を全部息を吸いながら言ったらどんな風に聞こえるだろう。もしかしたらこれは、美意識の問題なのだろうか。

大相撲愛好家と世界の言語

スポーツのことはさっぱりわからない。人並み以下というような生やさしいものではなく、皆無の知識と呼ぶのがふさわしいくらいだ。

そんなスポーツ音痴でも、相撲のこととなるとなかなか詳しい。この次は男に生まれかわって相撲取りになり、国技館を沸かせる小兵力士として活躍するのが私の夢だ。フィンランドにいていちばんつまらなかったのは、お相撲が見られなかったこと。一度ニューヨーク場所の話があったが、ヘルシンキ場所の話はいまだかつて聞いたことがない。やはりそんな突拍子もないことを言う人は、あまりいないようだ。私はフィンランドでいつも、角界はどうしているだろうかと気をもんでいた。横綱、大関陣は安泰だろうか。琴風《ことかぜ》、栃赤城《とちあかぎ》は順調に力をつけているだろうか。いつも稽古熱心な富《ふ》士桜《じざくら》はどんな突押しをみせているのだろう。昔、技能賞をとった黒姫山《くろひめやま》の右からの押

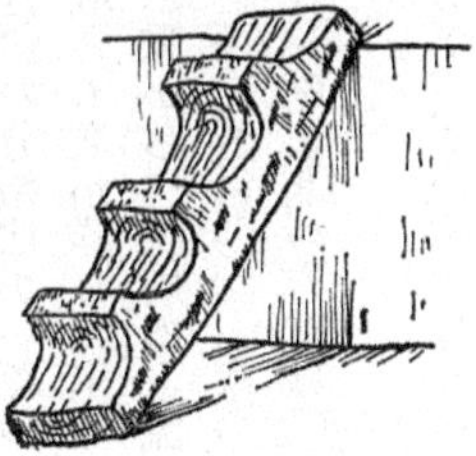

はしご

っつけをもう一度見たいものだ、と。私は自分につけた大相撲愛好家という肩書きを大事にしている。もっとも、コーラ好きで自称清涼飲料愛飲家という友人と、収入につながらないお互いの肩書きを嘆き合ったことはあったが。

あともう少しの我慢で、好きなお相撲が見られるようになる。大学のほうは、最終試験を残すのみとなった。日本の大学では卒業試験のようなものは受けたことがないが、フィンランドではとても大事だ。今まで一つずつ受けた試験すべてと最終試験の結果を総合した評価が最後に出る。私は最終試験についてよく知らなかったが、聞いてみるとだいぶ大変らしい。なにしろ六冊から出題され、それもかなり詳しくきかれるという。フィンランド人でさえ、二、三回受けないと受からないらしい。六冊のうち一冊はもう市販されていない本なので、図書館から借りてこなくてはならない。『世界の言語』というのがその中の一冊だ。初めのほうに言語の分類法がいくつか書いてあり、言語グループ別に各言語の歴史とそれを話す地域と人数が詳しく出ている。さらに方言がどう分けられるかのっているのもある。○○山脈から○○川の上流にかけて○○語を話す人が○人いる。○○語には東の方言○○と西の方言○○、南の方言○○と北の方言○○がある。東と西の方言は○○山で分かれ、南と北の方言は○○川を境としている。というように。

地球上の言語は全部で三五○○とも四○○○ともいわれるが、この本にはすべてではなくともかなり多くの言語について、このような説明がのっている。言語の名前を覚えるだけでも大変だが、相当詳しい地理の知識がなければついていけない。私の地理の知識といったら、アメリカ、アジア、アフリカ、ヨーロッパと、かなり大ざっぱだ。外国で知っている山といったら、エベレストとロッキー山脈、川なら黄河とミシシッピー川ぐらいのものだ。それにやはり大相撲愛好家だから、高見山《たかみやま》、黒姫山、黒《くろ》瀬川《せがわ》といったところしか頭に浮かばない。困ったことだ。約一〇〇ページからなるこの本をすべて暗記しなくては試験場には臨めない。

二冊目の本は『現代フィンランド語の発達』で、十九世紀の初めから現在に至るまでのフィンランド語の歴史が記されている。表記法の変遷、諸方言がいかに書き言葉の仲間入りをしたか、いつ誰がどんな造語をしたか、フィンランド語の発達に貢献した学者たちの業績等が二〇〇ページにわたって詳しく出ている。これも結構重要な本だ。

三冊目はラウリ・ハクリネンの本で、これには語源をラテン語にまでさかのぼって、そこからどんな言語を経てフィンランド語に入り、どういう形になったかを解く章もあれば、「言語学における母語の位置」「フィンランド語の語彙研究について」「注目すべき意味論」のような言語学の論文ものっている。「注目すべき」といっても、私にはどの辺が注目すべきところかよくわからないのだけれど、まあ理解に努めなくてはならない。

四冊目は図書館から借りてきた。先輩たちも泣きながらこの本を読んだのだろう。赤や青の線が要所要所に引いてある。これは言語学の論文集だ。その頃私と一緒にいることの多かったピルヨは、この本の三番目の論文は一度読んでも全然わからないから、三度読んだと言っていた。フィンランド人が三回読んでやっとわかる論文なんて、私にはまず無理だろうと思って読んでみたら、案の定、何のことだかさっぱりわからない。何度読んでもよく理解できないようなものを、説明せよなどと言われたって、まずどうしようもないに決まっている。

五冊目はあの恐ろしい方言の本。初めのほうは、「言語における方言の位置」だの「フィンランド語方言の諸研究について」だの論文が並んでいる。方言の試験はテキストがいくつか出て、それがどこの方言かを論理的に言いあてるのが多いから、各方言の特徴を詳しく覚えていなくては手も足も出ない。各方言の特徴といっても、その分量は風呂桶一杯分あるから、私の小さな頭にはすべて押し込められそうもない。

六冊目も論文集でパーヴォ・ラヴィラ、オスモ・イコラ、ラウリ・ハクリネンが執筆している。外来語の歴史、フィンランド語の構造、フィンランド語の辞書の歴史とそれぞれの意義など、どれも見逃すことのできない大事な論文ばかりだ。

一冊ずつ試験を受けても受かるかどうかわからないような本を六冊まとめて、それもどこからどんな問題が出るかわからないのだから、もうこうなると不可能に近い。今までの学生生活のなかで、こんなに量の多い試験を受けた経験はあっただろうか。こういう試験は半年ぐらい前から準備をしなくては間に合いそうもない。読むだけでも時間がかかるのに、六冊丸暗記するのだから。書いたほうが覚えが速いかと思って、いつものように紙にまとめていった。全部をまとめ終わらないうちに、紙の束はすでに厚さが三センチを超えていた。まとめたものを読んで覚えようとするが、量が多すぎてとてもではないけれど覚えきれない。こうなったらもう手はない。ヤマをかけるしかない。試験日は刻々とせまってくる。

今まで受けた試験は、いつも納得がいくまで準備をしたし、そうすれば必ずなんとかなるという自信のようなものがあって、今回も案ずるより産むが易しと楽観的に考えていた。しかしだ。問題用紙を見ると、一番あれっ？　二番無理、三番覚えてない、四番自信なし、五番お手上げ、六番全くだめと、みごとにヤマがはずれてしまった。やはり、ヤマをかけて物事を楽に片づけようとしたのがいけなかったようだ。こういう試験に一回で優秀な成績を修めるようなことがあれば、故郷の夜空に花火が上がるというものだ。が、私の場合、そうは問屋がおろさない。

午後、方言の授業が終わってから、

「今日は最終試験の問題ありがとうございました。脳に故障があって、全然できませんでした。また来月受けます」

と、出題者であるキウル助教授に申し上げると、先生は微笑んで何もおっしゃらなかった。私の試験を心配していたピルヨやマルケッタに、何もわからなくて三ページ書いただけだと言ったが信じてくれない。受かっているに決まっていると言う。書いた本人のほうがよくわかっているのだけれど。

これですべて計画が狂ってしまった。試験の後は、やりたかったことを思いきりと考えていたのに、もう一度あの紙の束とつきあわなければならない。暇になったらR君にも特訓をしてと思っていたが、それもできない。R君のパパに、

「試験だめだったんです。難しいのなんのって。うふふ……またやり直しです」

と報告すると、

「美晴さんは大変だ大変だって言っても、いつも楽しんでやっているじゃないの。勉強が好きなんでしょう」

と、大間違いの見解を発表するので、

「楽しんでなんてやってませんよ。苦しいだけですよ。勉強なんて大嫌いなんですから、好きだなんてとんでもない」

と、反論。

「やってる時はそりゃつらいと思うのよ。でもそれができるってことは、やっぱり好

きなんだなあ」

「そんなもんですかねえ」

「僕も一度ね、碁がうまくなりたくて一生懸命やったことがあったんだけど、早くうまくなりたいと思ってあせるとね、これがだめなんだなあ。うまくなろう、うまくなろうとあせると勝てなくてね。勝とう勝とうと思うとだめでさ。そこで考えたの。うまくなろうなんて思うのよそうって。そうしたら今度は逆に、どういうわけか力がついてきてねえ。不思議だね、これは。なんでもこうやると、うまくいくんじゃないのかなあ」

「それじゃ私の場合、フィンランド語なんかうまくならなくてもいいって思えばいいんですか？」

「そうそう。まあ、そんなところだね」

パパの「今だから話そうあの時のこと」に、私は励まされた。

それにしても、不合格というのは初めてだから恥ずかしいなあと思いながら、四階の掲示板を見に行った。あった。やっぱりあった、不合格一人。名前は出ていない。キウル先生のサインが下にある。食堂に戻ってピルヨに報告した。

「もう結果が出てたわ。ヒュラッテュ一人って。ヒュラタってどんな意味の動詞？キウル助教授にきいてみようか？　試験できなかった上に、〝不合格〟って何ですかってきいたら、先生きっと頭がおかしくなっちゃうわね」

「本当に出てたの？」

と言うやいなや、ピルヨは走り去った。
二、三分たっただろうか、ハーハー言いながら戻ってきた。
「ミハル、どの紙を見たのよ。あなたの試験の結果はまだ貼ってないわよ。キウルってサインしてあるのはね、他の試験よ」

「えっ、本当？　不合格一人って書いてあったから、てっきり私のことだと思って。それにキウル先生のサインがあったから。なあんだ、まだだったの」

私は、石橋を叩いて渡りながらバナナの皮にすべって橋からまっさかさまに落ちるというような、慎重なドジだから時々こういうヘマをやらかす。

本当の結果が貼り出されたのは、それから二、三日たってからだった。どういうわけか受かっていた。あんなにできなかったのにどうしてだろう。書いたものが何かまぐれで合っていたのかもしれない。受かったけれど、もう一度やることに決めているので、この点数はもらわないことにする。日本の大学のように単位が取れればいいというものではない。わざわざ地球の裏側から来ているのだから、より多くの収穫を得て帰りたいと思う。同じことも二度やれば、少しは記憶に残ると思うがどうだろう。

もう一度といっても、やはり六冊というのは多い。それも外国語で読むのだから骨が折れるのは当然だ。これさえ終われば自由の身にと思うと、終わる前からレコードは聴きたいし、映画も観たいし、ピアノも弾きたくなる。人間は縛られたい、のがれたいを繰り返して生きていくのだろうか。醜いアヒルの子は白鳥として飛び立つ日を夢見て、ノートの山と相対峙《あいたいじ》した。もう楽観的ではいられない。試験日の一週間ぐらい前から胃が痛んできて、食欲もなくなってしまった。

最後の試験に臨む朝が来た。外は気持よく晴れていた。試験場に入ると、グジェゴシュがいて音声学の最終試験を受けるらしい。にぎりこぶしをつくって親指を立てる。こうして「オンネア」と言うのが試験前の「がんばってね」という挨拶だ。封筒を開けて問題用紙を取り出す。ああ、まただめだ。自信をもって答えられるような問題は一つもない。仕方がないから覚えている範囲でまとめることにしよう。

なにしろ疲れた。終わったらあれもこれもと考えていたのに、何もする気にならない。エネルギーがもうどこからも出てこないのだ。試験の後、学食で少しお喋《しゃべ》りをしてから、友達がたくさん住んでいる学生寮へ遊びに行った。ハッリが出てきて、私の疲労困憊《こんぱい》ぶりに驚き、どうしたのかときく。グジェゴシュと私が、どんなに最終試験が大変かを説明すると、イギリス人の女の子がイギリスの試験も大変だと事情を話しだした。各国の試験談義が始まったが、私は聞く側にまわった。体も頭も休息を必要としていたから。

それから一週間ほどたって、学食でみんなとお喋りをしていると、ドイツ人のクラウスがにこにこしながら私のそばに寄ってきて、握手を求めようとする。毎日大学で会う学生どうしが握手をすることなんて考えられないから、私は手も出さずにクラウスの顔を見た。するとクラウスは、

「ミハル、心からおめでとうを言うよ」

と言って、なんだか興奮ぎみだ。何のことだかさっぱりわからない。

「どうしたの？」

「最終試験の結果だよ。ミハル・イナガキ、優秀って出てるよ。すごいなあ」

「えっ、本当？　優秀ですって？　信じられないわ。本当に私の名前だった？」

「本当だよ。見ておいでよ」

四階の掲示板の前でMIHARU INAGAKIという字を見ても、まだ信じられなかった。翌日、キウル助教授からオピントキルヤに正式な署名を頂くまでは、どうしても半信半疑だった。キウル助教授も心から喜んでくださり、

「一回目の試験よりずっとよくできていましたよ。本当におめでとう」

と言って握手をしてくださった。後から聞いて知ったことだが、すべてを総合して「優秀」を得られる人はあまりいないらしい。いつも自分がいちばんできないと思っていたから、こんな結果になったのは嘘のようだ。

ピルヨがまるで自分のことのように喜んでくれた。「優秀」って書いてあるところを見せてほしいと言って、私のオピントキルヤをのぞき込む。学食はもう飽きたから、どこか外でお祝いをしてくれると言う。港のそばのカッペリというカフェに入った。大学自体港のそばにあるから、カッペリもそう遠くない。ピルヨのご馳走してくれたコーヒーとケーキは、特別おいしかった。

生きるって、時間を止める力を獲得することなのかしら……。

フィンランド語は猫の言葉

うさぎだろうか、それとも亀だろうか、私は。時々こんなことを考えてみる。うさぎほど機敏ということもないし、亀ほど忍耐強くもない。私の場合、途中で昼寝をする亀といったところだろう。つまり、のろまが途中でサボるというタイプ。なにしろ私にはゴンゴン病という持病があって、いつもこれに苦しめられている。私の周囲では「ゴンゴン病」は普通名詞として知られているが、まだかかったことのない人のためにちょっと説明が必要だ。ゴンゴン病とは、ゴンゴン眠ってしまう病気のことで、これにかかるとどんなに十分眠ってもまだまだ眠い。いつでもどこでも眠くなる。いったん眠るとゴンゴン眠り続けて、ちょっとやそっとでは起きられない。私の友達にはゴンゴン病の人が多いようだ。気候、風土の違う外国にいても、ゴンゴン病にかかることがあるから、いつも気をつけていなくてはならない。しかし、いくら注意して

いてもかかるのがこれまたゴンゴン病の特徴で、フィンランドでも何度か襲撃を受けたことがあった。

いつだったか、ゴンゴン病にかかって深い眠りについていた。つまり仕事の途中で亀さんが昼寝をしていると、電話のベルが勢いよくなった。ゴンゴン病の場合、「一生暁を覚えず」という診断書が示すように、電話のベルなどでは目が覚めないのだが、この時はあまりひどくなかったのか、ベルの音がよく聞こえた。出てみると、カラニさんだった。カラニご夫妻は時々食事にさそってくださるが、今度も遊びに来ないかとおっしゃる。こういうおさそいを受けるとすぐに目が覚めるのだから、ゴンゴン病患者には決して気を許してはいけない。

カラニ夫人の作ってくださるお料理はいつもおいしい。レストランの食事よりもずっと味がいい。同じじゃがいもでも愛情に包まれるとこうも違うものかと、毎回感心してすぐに食べ過ぎてしまう。その時もおなかいっぱいご馳走になり、デザートもきれいに平らげて、ソファーのところでコーヒーが沸くのを待っていた。すると、書斎で新聞を読んでいたカラニさんが、小さな切抜きを手にして私たちのほうへいらした。

「ミハル、はい、仕事」

と言って、その切抜きを下さった。よく見るとそれは、ヘルシンキ大学の学生を対象とする作文コンクールの記事だった。なぜ今の勉強を始めたか。今までの成果はどうか。今はどんな風に進んでいるか。将来何をしたいか。内容はこれらを中心に五枚以上五〇枚以内にまとめよと書いてある。一等、二等、三等にはそれぞれ賞金が出る。審査員には、心理学者や文学者が名を連ねている。入賞者の作品は学生新聞に全文が掲載されるという。カラニさんは、私に応募してみないかと勧めてくださるのだが……。

「これじゃ賞金が少ないのではないかしら？」

と私が文句を言うと、

「お金じゃないよ、ミハル。名誉だよ」

「でも私は外国人だから……」

「そんなことは別にかまわない。ヘルシンキ大学の学生なら誰でもいいんだよ」

ということになり、決心はつきかねたが、ひとまずその切抜きを頂いて帰ることにした。

作文を書くのは大好きだったが、ここのところ大きな試験続きで長いこと書いていない。久しぶりだからやってみようか、とも思うし、応募するのは皆フィンランド人なんだから、恥をかくようなことはやめたほうがいいとも思う。二、三日どうしようかと迷っていたが、日本に帰ったらもうフィンランド語の作文コンクールに応募するなんてことは一生ないと思うと、それでは最後の記念に一つという気になってきた。

五枚から五〇枚というけれど、どのくらい書いたらいいのだろう。友人のアンナが、このコンクールを主催している事務所に勤めているのできいてみることにした。アンナの話によると、このコンクールに集まった作文は、社会学研究室の資料として使われるという。地方から出て来て大学生活を送っている人も多い。そういう人たちにはどんな問題があるのか調査するためだという。そうなると、私のような外国人の応募は誰も期待していないにちがいない。どうしよう。誰も期待していないだろうといっても、理由あってヘルシンキ大学に入学し、つまずきながらもここまでやってきて、将来の抱負も私なりにあるわけだから、素直にそれをまとめてはどうだろう。何枚書くかなどは気にせず、下書きの準備を始めた。

隣のおばさんとサウナに入りながら、もしコンクールで一等になったら賞金がもらえるし、この間の宝くじが当たっていればそれももらえるから、両方合わせて何を買おうか、どんなおいしいものを食べに行こうかと、早くもとらぬ狸の皮算用をしていた。毎日書いてだいたいの下書きができたので、近所に住んでいる親友のウルスラに見せることにした。ウルスラは大学でフィンランド語とフィンランド文学を勉強したので、私が質問があると言うと、いつも喜んで家庭教師になってくれた。難しい宿題や試験の前は、必ずウルスラに相談にのってもらった。子供を近くの公園で遊ばせておいて、私たちはコーヒーを飲みながらフィンランド語の授業。

そろそろこの辺で、どうしてフィンランド語が猫の言葉なのか説明しなくてはならない。実は、「フィンランド語は猫の言葉」とは、この作文コンクールに応募した作文の題なのだ。この題で私は、なぜ今の勉強を始めたか、今までの成果はどうか、今はどんな風に進んでいるか、将来何をしたいか、を書いた。だいたいの内容を思い出してみよう。

民族や文化に興味をもつなら、言葉の勉強は大事と始めたが、言語学の立場で語学をやるのは私にとって全く新しいことだった。隣人の名前も満足に言えないのに、最初に与えられた教科書は「フィンランド語の歴史的音韻論」。Ｒの発音ができなかったのはクラスで私だけだったし、黒板に書く先生の字すら読めないことがあった。最初はこんなに絶望的。宿題と毎月の試験勉強に追われた。

フィンランドでの生活も、東京とはだいぶ違った。特に寒い冬を経験したこと。私は「マイナスごっこ」をして遊んだ。寒さのために病気になると心細かった。フィンランド人が家庭で幸せそうにしている時、独りでいるのはつらい。孤独は山になく、街にあるというのは本当だ。東京で生まれ育った私は、最初道に人がいないのが恐かった。ヘルシンキは私にとって森。

初めの一年間の勉強はなんとかうまくいった。本当は一年で帰る予定だったが、せつかくここまでやったのだからもう少しやりたいと思った。東京で帰りを待つ家族の許可を得るために、その時の師オッリ・ヌーティネンの推薦状をつけて、手紙を出した。すぐに父が賛成してくれた。

「人生は二度とない。人生の生き甲斐《がい》とはあらゆる真理を探求し、後世にその足跡を残すことである。父と同じ考えのもとに努力している子供のいることを誇りに思う。いかなることにも困難はつきものである。困難とは己の思うとおりにならぬことである。人生の妙味とはそのことであろう。自分の正しいと思うことに躊躇《ちゅうちょ》することはない」

私はもう一年勉強できることになった。

フィンランド語学科に籍を置いたのはいいのだけれど、古文だの方言だのエストニア語だの、手におえない科目ばかり。

「私はフィンランド語を正しく書くことを学べませんでした」

と、アグリコラ風デタラメ表記法で書いた。

「言葉の使い方の練習」では、間違いだらけのテキストを直すことになったが、どこが間違っているのかよくわからなかったし、方言の授業では、田舎の歯なしのじいさまがどう話すかを書き取らなければならなかった。エストニア語の試験は、エストニア語からフィンランド語へのながーい翻訳。まるで、目と鼻のさきのタリンからヘルシンキへ、東京経由で旅をするほど長く感じられた。秋学期には、日常使うようなフィンランド語は一つも習えず、これでは大学でフィンランド語を勉強する意味があるのだろうかと疑問をもった。そしてとうとう絶望的な学生にスランプの大波が。私は独りでピアノを弾いて時を過ごした。

時間のたつのは早いもの。もうすぐ春。最初は隣人の名前も発音できなかったのに、今では言語学の博士論文も読める。それにフィンランド語でもこんなに上手に書けるようになった。文豪アレクシス・キヴィの名前をもらおうかしら。

春になれば長かった学生生活も終わり。これからはフィンランドと日本を結ぶかけ橋になれればいいと思う。帰ったらまず、フィンランドの留学生活について書いてみたい。本の題名は「フィンランド語は猫の言葉」。フィンランド人はニーン、ニーンと言うけれど、私には猫の言葉に聞こえるから。

（注　ニーン、ニーンとは、フィンランド語で相槌《あいづち》を打つときに言う言葉だが、話をしている時に相手がただ、「ニーン、ニーン、ニーン」と言うと、私はなんだか猫と話しているような気がしてくる。ある時、電話をかけたら相手がいきなり「ニーン」と出てきた。これには驚いた。一瞬、猫が電話に出てきたかと思った。やっぱりフィンランド語は猫の言葉なのだ）

フィンランドは物価の高い国。でも私はフィンランド語を無料で使うことができる。

フィンランド語を使ったからといって、税金を納める必要はない。言葉はすべての人への贈り物だ。もし今誰かに、フィンランド語は難しいかときかれたら、

「いいえ。ゲームのように楽しいわ。だって文法が十分に複雑なんですもの」

と答えるだろう。

フィンランド語の勉強は、私の人生における革命だった。いつかフィンランド語でも本を書いてみたい。フィンランドについてどう考えているかを。もちろん語学が上達しなければそんな本は誕生しないが。日本人がフィンランド語で本を？　歴史のなかにはいつも、全く新しいことをする最初の人がいる。

この後はRにちなんだ笑い話でオチがつくのだが、日本語にすると説明ばかり長くなってちっとも面白くなくなるので省略する。大ざっぱにまとめるとこういう内容なのだが、はやりの広告文句をパロディで使ったりして、やはりいつもの冗談作文風にまとめた。

この作文のコンクールで一等になり、賞金も名誉も獲得したということにでもなれば、この留学体験記もちょっとした太閤記《たいこうき》になるところだが、なかなか筋書きどおりにいかないのが私の人生。コンクールの結果、私の作文は選からもれ、あてにしていた宝くじもはずれてしまった。つまり、狸の皮ゼロ枚。でもせっかく書いたのだから、

他の人たちにも読んでもらおうと思い、コピーしてまずは大学のフィンランド語の先生方に配った。他には誰に読んでもらおうかなと、手帳をめくっていると、出てきた。ヘルッタおばさんの住所が。

ヘルッタおばさんは女性記者で、一九七九年の秋に私へのインタビュー記事を書いた人だ。私のことが記事になるくらいだから、フィンランドは、事件らしい事件の起こらない平和な国だ。ヘルッタおばさんは、家にも呼んでくれるほど親切だし、記者だから、私がフィンランド語で書いたものとなれば、興味があるだろうと思って送ることにした。

「コンクールには入選しませんでしたけど、いいんです。偉大な作家の価値は死後認められるものですから」

と書き添えた。

二、三日すると、ヘルッタおばさんから電話があった。

「ミハル、元気？　面白い作文ありがとう。同僚に見せたところ、みんなが面白いと言うので新聞にのせることにしたのよ。四〇〇マルッカで買おうと思うけど、どう？　外部の人が書いたものをのせるときは、記事を買うことになるのよ」

私は腰がぬけるほど驚いた。Yhteishyvä《ユフティスヒュヴァ》といえば、全国的な規模の読者の多い読み物だ。それにのせてくれる上に、四〇〇マルッカの報酬が得られる。これでは、コンクールで一位になって学生新聞に紹介されるよりずっといい。とらぬ狸の皮算用をしていたら、狸がとれずに銀狐がとれたといったところだろうか。

私がその銀狐の皮代を受け取りに、ヘルッタおばさんのところへ行ったのは五月末だったが、ゴッコ、ゴッコと大雪が降ってきた。

「五月末に雪が降るなんて、ヘルシンキでは何年ぶりかしら。夏だというのに雪だなんて。これがフィンランドなのよ、ミハル。このお金で暖かいタイツでも買いなさい」

と、ヘルッタおばさんは笑っていた。

私の記事が出たのは六月の初めだったと思ったが、新聞を読んだというサンタクロースから私のところへ手紙が来た。サンタクロースはフィンランドの北のほうに住んでいて、クリスマスになると世界中の子供たちからカードがくるらしい。サンタクロースは私の記事を読んで、日本人が書いたとは思えないほどよく書けていると絶讃してくれた。ごほうびにサンタクロースの国へ招待してくれるという。切符まで送ってくれたのだけれど、残念なことに、サンタクロースに都合のいい日は、私がフィンランドを発つ日。もしサンタクロースに会えたら、サンタさんは夏休みをどう過ごすのか、というインタビューをしてみたかったのだけれど、やはりサンタクロースには会えないようになっているらしい。

コペンハーゲンで、サンタクロースにではなくオッリに会った。オッリは、昔、私の冗談作文を添削してくれた先生。半年ぶりに会って、

「あのね、オッリ。あたし最近『フィンランド語は猫の言葉』っていう作文を書いたのよ」

と言ったら、オッリは、

「えっ？　猫の言葉⁉　またミハルは……」

「何か文句あるの？」

「いや。もちろん僕も同感さ！」

文学博士の同意を得たのだから、私の意見は正しいと自信をもっている。絶対に、フィンランド語は猫の言葉である。

日本一・フィンランド一

フィンランドには約二〇〇人、日本人がいるという。フィンランド人と結婚している人、働いている人、留学生、大使館職員の家族。私の知っているのはその中のごく一部の人たちだけだが、ある時、日本一とフィンランド一とではどちらが偉いかということになった。国の中で一番ということは、国際的な立場に立てば同等ということになる。それでは、日本一になるのとフィンランド一になるのでは、どちらが大変かというと、これはまず人口の差を考えなくてはならない。面積はほぼ同じだが、フィンランドの人口は約四七〇万と、東京の半分以下だ。単純な計算でいくと、日本一になるほうが大変ということになるのだが、はたしてこういう計算は成り立つかどうか。

フィンランドで仕事をしている日本人男性は、いつも日本での仕事の可能性を考えている。いったん外国で仕事をしてしまうと、日本へ帰って適当な職を見つけるのが

昔の洗濯用具

難しくなるし、フィンランドは、日本と直結しているパリやロンドンに住むのとは違って、長い間住んでいるとのんびりした生活に慣れて、残業残業で明け暮れる日本の企業へ戻るには、精神的にも肉体的にも難しくなってくる。かといって、一生外国で暮らすかとなると、問題はさらに難しい。法律はその国の人たちを守るためにあるのだから、外国人は常にハンディを背負うことになる。

私は、大学の勉強にまとまりがついたので日本へ帰る、とみんなに言った。フィンランドのことが知りたくてフィンランドに来て、勉強が終わったから日本へ帰る。私はごく自然なことだと思ったのだけれど、ほとんど全員から同じ質問を受けた。どうして帰るのか、と。せっかくここまでやったのだから、何か仕事を探してもう少しフィンランドにいてはどうか、と。こういう意見が出てくるのは、やはりフィンランドが特殊な場所だからだと思う。もしこれが仮にアメリカだったら、留学生をこれほど引きとめはしないだろう。

日本に帰っても、フィンランド語を活かせる職場などないことは私も十分知っていた。でも、日本に帰ってもしようがないという理由で、外国にいたいとも思わなかった。もちろん、フィンランドが嫌いになったわけでもない。女が一人で暮らすなら、東京よりヘルシンキのほうがよほど住み心地がいい。三年近く住んでいたが、いやなことは何もなかった。ただ、脳ミソの中に少しバターが混ざったかな、という感じだけだ。

もし、日本に帰りたいと思う理由をいくつか挙げるとすれば、「もう人形ではいやだ」というのが、その中に入るだろう。フィンランド人のパーティに行けば必ず誰かが私の髪をさわりたがる。黒髪が珍しいから。切っても切っても日本人の髪は黒いのだからしようがない。それに、必ず「どうしてフィンランドへ来たのか」という質問。「人形」としてみんなから「いい子、いい子」と髪をなでられ、お城に住めることは、外国人の特権なのだろうが、私はすべての特権を捨ててもいいから人間でいたいと思う。お城から、住み慣れたうさぎ小屋へ戻りたくなった。いいところも悪いところも、すべてに責任をもって日本を考えたい。それに、仕事をするなら自分の国でどう評価されるかも大事だと思う。

お正月、日本人クラブの人たちが大使公邸に呼ばれ、日本のほうへ向かって「君が代」を斉唱するというのも、変わった出来事だった。日本と違う点といえば、ヘルシンキは中心地がとても小さいので、どこへ行っても必ず一人か二人知合いに会う。そういう狭さがだんだん不自由に感じられるようになってきた。つまり、フィンランドへ来る前の状態に自分を戻してみたくなったということだ。特にこれこれしかじかと理由を述べるほど、故郷へ帰るのは難しいことではない。ただ、グジェゴシュの、「ミハルは日本へ帰って、サムライと結婚するのか」

という質問にだけは、はっきり「いいえ」と答えておかなくてはならない。

あれはいつ頃だっただろう、友達がカセットテープを送ってくれたのは。最終試験の前だから、三月か四月頃だったと思う。そのカセットは、イエロー・マジック・オーケストラのライブ盤「公的抑圧」だった。ビートルズの「デイ・トリッパー」以外は、皆初めて聞く曲ばかりだった。久しぶりに楽しい音楽を聞いたような感じがして、大事な最終試験の前だというのに、私は浮かれた気分になってしまった。約二〇年間クラシック音楽を勉強したので、にぎやかな音楽に興味をもつのは私としては珍しいことだった。頻繁にそのテープを聞いていると、隣のおばさんまで浮かれだし、

「にぎやかだけど、神経にさわらないねえ。貸して」

ということになった。

中でも、私は「東風」と「The end of Asia」が好きになった。東洋がなんだかとても魅力的な世界のように感じられる。アジアでは今頃どんな風が吹いているのかしらと、気になりだした。たしかにフィンランドで吹く風とは違う。ヨーロッパの自然は、人間に対立するものだから。

「東風」と「The end of Asia」の作曲者である坂本龍一《さかもとりゅういち》君が、雑誌で次のようなことを言っていた。

「ぼくら自身は、Y・M・Oがオリエンタル・ムードとは思っていない。ときどき出

てくるオリエンタル・パターンだって、むしろパロディみたいなつもりでやっている」

私はこれがよくわかるのだが、彼がロンドンで説明した時には、わかってくれない人が多かったらしい。どうして尺八を使わないのか、とか、どうしてそんなにアメリカ文化に侵されてしまったのか、という具合に。外国では、日本の存在を知っている人が多い。カメラと自動車をたくさん作り、変な文字を書いて、箸《はし》でお米を食べている。日本について知っていることは何かときくと、ほとんどの人がこんなことを言う。文化についてはあまり知られていない。さまざまな国があっても、私たちが「西洋」と大ざっぱな呼び方をするように、ヨーロッパの人たちも「東洋」と、一まとめにして私たちをとらえている。だから中国と日本の違いなどわからない。尺八のような民族音楽と、パロディのつもりでやるY・M・Oのオリエンタル・パターンとを整理して聞き分けられる人が、外国では少ないのだと思う。

東京の真ん中には、山もなければ川もない。私は、自然を全く知らない東京人なのかと思っていたが、坂本君の音楽が私に、東京にも雨が降り、東京にも風が吹くことを思い出させてくれた。晴れたり、曇ったり、雨が降ったり、風が吹いたりするのは、世界中同じことのように思いがちだが、ヨーロッパと日本では湿度が違うのだから、やはりすべてが微妙に違う。日本の文化は皆、日本の湿度のなかから生まれてきた。

今までフィンランドの透明な部分が自分の資質に合っていると思っていたが、今度は、自分の中にある「日本の湿度」の存在に改めて気づいたと言おうか。私は、その湿度を帯びた日本の風に、もう一度吹かれてみたいという気持になったのだ。

フィンランドのような静かなところで暮らしていると、私の生まれ育った「東京」とはいったい何だろうということを考えるようになる。世界一といわれるこの大都会には、何があるのだろう。人。車。騒音。私は、フィンランドで人も車もいない道路を歩くのが恐いほど、東京の人と車と騒音に慣れていた。全く何も音がしないと、精神的に追いつめられたような感じさえした。東京の生活は、人を静寂恐怖症にするらしい。特に自分が騒ぐというのではなく、まわりに何かがあるというだけで安心するのだ。都会人とは、騒音なしに暮らせないという妙な生き物のことだ。

都会にはエネルギーもあるが、毒もある。人間にはどれだけの毒が必要なのだろうか。そして、私にはどれだけの毒が必要だろうか、と考えてみる。毒というより、「刺激」という言葉に置き換えたほうが適当かもしれない。フィンランドで暮らしていると、自分のエネルギーを触発されるような刺激を得ることは難しい。自分自身の存在そのものが自分にとっての刺激であることがいちばんいいのだろうが、凡人ではなかなかそうはいかない。しかし、大都会の魔力は、凡人にも刺激を与えてくれる。たしかに都会にはエネルギーがある。毒をも生み出すほどのエネルギーが。そういう毒ある都会では、誰もが清涼剤を求めている。悪性の刺激（毒）がはびこって、良性の刺激（清涼剤）を侵さないよう、都会人は都会においての清涼剤となるような仕事をしていかなくてはならない。

私をフィンランドへ呼び寄せたのは音楽だった。特に、パルムグレンの「河」というピアノ協奏曲を聞いた時には、とどめを刺されたような感じだった。今度もまた、音楽が私の行くべき方向を指し示す。「東風」に乗って日本へと。ただ、一つだけ不安がある。もう東京のあのにぎやかな生活には順応できないのではないか、という不安だ。清涼剤を生み出す前に、毒に圧倒されてしまうのではないか、という恐怖。東京へ帰ったらどうなるのだろう。

誰かに、

「美晴さんは国際人ね」

と言われたことがあった。今日はロンドン、明日はニューヨークというのなら話は別だが、私の場合は、ヨーロッパの片隅でじゃがいもをかじっていただけだから、国際人だなんてとんでもない。国際人というのは、語学が堪能で日本のすべてについて正確に話すことができ、諸外国の動きも正しく理解している人のことだ。日本人の場合、語学が堪能で、というところにちょっと問題がありそうだ。最近では、日本でもいろいろな外国語を話せる人が多くなってきた。しかし、中学で始めた英語の第一課しか身につかなかった人もいるようだ。あるパーティで会ったフィンランド人が、こんなことを言っていた。

「日本へ行ったことがあるけれど、日本人は英語ができるのか、できないのかわからないわ。だって、『Do you speak English?』ってきくと、みんな『Yes.』って答えるんだけど、その後は何をきいても何も言わないのよ」

そろそろ、私たち日本人もYesを裏づける語学力を広く外国の人たちに知ってもらってもいいのではないだろうか。日本人も国際人なのだ、という風に。ただ外国のことだけ知っていても、本当の国際人ではない。外国のことより自分の国への理解が先決だと思う。

フィンランドのジャズ・ピアニストであるヘイッキ・サルマントが、

「幸せなことに我々は、流行の中心地から遠く離れた僻地《へきち》にいるので、何が本当に大事なものか観る距離があるし、我々自身でいることができる」

と言ったらしい。フィンランドの芸術は、こういった確信に支えられて生まれてくるのだろう。流行とは全く関係なく生まれてくるいいものもある。東京などでは、時代の先端をゆくようなものが生まれる。私は、両方とも好きだ。だって、いろいろな価値があっていいわけだから。

コーヒーカップの受け皿

砂糖のかたまりと砕くはさみ

日本に帰って来た。多少ボケていたのだろうが、私は、

「三年もフィンランドにいたから、もう日本の総理大臣の名前もわからないわ」

と、軽度ですんだ。もう二、三年いたら、

「五年もフィンランドにいたから、もう日本の大統領の名前がわからないわ」

と、重症になっていたかもしれない。東京は少しいなくても、どんどん新しいビルが建って変わってゆく。私、現代版浦島太郎は、新しいビルの前でキョロキョロ、オドオドしていた。三歳になる甥の豪君に住所をきくと、

「しぶやくへんだがや（渋谷《しぶや》区変駄ヶ谷？）」

と答える。千駄ケ谷に住んでいたはずなのに、住所まで変わってしまったかと不安になる始末。

雑誌やテレビを見ると、言葉もずいぶん変わったような気がする。ニュースでも、

子供達の将棋大会・ホットな熱戦

甲子園は応援フィーバー

というように、英語が進出して来たし、女の子はみんなギャルということになった。それに、日本人全部が早口漫才師になって芸を披露している。ザ・マンザイとかザ・カッポウギとか、冠詞のない日本語の言葉にも冠をつけるようになって来た。

友人から電話があったというので、Y君の仕事場に電話すると、

「特別な用じゃなかったんだよ。わざわざコール・バックしてくれなくてもよかったのに」

とご返答。コール・バック？　こんな言い方をしてたかしらと、私は驚いた。こうなると、外来語として定着したものを使っているというのではなく、英語を使っていることになる。私は、外国帰りだからといって、会話の中にポンポンと英語の単語が飛び出してはキザな印象を与えるにちがいないと思い、極力注意していた。ある時、

「棒高跳びの棒がありません」

と言ったら、

「棒？　うふふっ。ポールでしょ？」
と笑われた。もう、日本語で言ってはおかしい言葉まであるのだ。
新宿にコンサートの券を買いに行ったところ、プレイガイドになくて、売り子さん
が親切に売っているところを教えてくれた。
「それはペペのココです」
浦島太郎は一瞬、祖国への社会復帰はもう無理だと思った。日本語なのに、何だか
さっぱりわからない。説明を求めたところ、新宿にはペペという名前の建物があり、
その中にココという名前の券を扱う売り場があるから、そこへ行けば買えるというこ
とらしい。東京の生活も難しくなった。
フィンランドは、これといった犯罪もなかったし、たまには強烈な刺激がほしいと
思うような、毒のない世界だったが、東京に帰って来るや否や、私は刺激攻めにあっ
た。富士山落石、バス放火、地下街爆発と、連日ショッキングな朝刊の見出しが続い
た。病気でないのに卵巣や子宮を摘出した等の理由で多くの患者から訴えられた富士
見産婦人科のこととなると、もう悪魔の世界としか言いようがない。ゆったりと過ご
したフィンランドとはまるで違う、この刺激だらけの世界に、私はもう一度順応する
ことができるのだろうかと、なんだか自信がなくなってきた。
帰って来てよかったと思うこともむろんある。フィンランドには、「芸者チョコレ

ート」というおいしいチョコレートがあるのだが、チョコレートは甘くても、それを食べる時の気持はにがかった。日本ではそれを食べずにすむので、心安らかに日々を送れる。日本は野菜も豊富だし、お豆腐はお豆腐屋さんに行けば売っている。お豆腐の素を水で溶いて、煮て、冷やして、固めるという作業を自分でやらなくてすむ。もう、そのお豆腐の素を手に入れるために、

「インスタント豆腐、マーボー豆腐の素、干ぴょう、海苔、ふりかけ、お味噌、ザーサイ、干ししいたけ、ラーメン各種！」

と、国際電話で家族に叫ばなくてもいい。それに、どこでも何でも使い慣れた箸《はし》で食べられる。

私は、どうもフォークとナイフで食べるのが好きになれない。楽しい食卓についている時に、なぜ各自が武器を持つのかという疑問がついてまわる。ちなみに、フォークとナイフで食べる人たちは、世界の人口の四〇パーセント、箸で食べるのが三〇パーセント、そして残りの三〇パーセントが手で食べるという。

私は平和主義者だから、武器を捨てて一生箸グループの中にいたい。ある時、家に遊びに来たフィンランド人を見て、姪の里菜ちゃんが、「何から何までフォークで食べる人」と、楽しい定義づけをした。子供にとっては不思議なことだったのだろう。最近では洋食を食べることが多いが、それでも毎日フォークとナイフで食べるほど、

バタ臭い家庭はないと思う。ナイフとフォークは外国から来たものだから。

着物を着て、畳の上にすわっていた頃と比べたら、日本人の生活もずいぶん変わった。今では、日本人の家にはもう畳の部屋はいらない、と考えている建築家もいるそうだ。初めは、畳の部屋へ椅子とテーブルを持ち込んだが、今度は椅子とテーブルが畳を部屋から追い出すことになった。これは西洋の勝利と呼べるのだろうか。

畳を追い出すことに成功したテーブルが、洋間の真ん中を堂々と占領している。このあたりまでは西洋が優勢といえるのだが、この先はどうだろう。たとえばテーブルかけ。そしてコーヒーカップと受け皿。

私は今まで、特にテーブルかけについて考えるということはなかったが、ヘルシンキにいた時に隣のおばさんがいろいろ教えてくれた。私が織物に夢中になっていた頃、おばさんが、

「私たちも若い頃は、いろんなのを織ったのよ」

と言って、大切にしまってあった若き日の作品を見せてくれた。どれも複雑な織り方のみごとなものばかり。

「わぁーきれいだ。おばさん芸術家ね」

と言うと、

「私たちの頃は誰でもやったのよ。昔はね、自分でテーブルかけや手拭いやふきんを

織って、それをお嫁に行く時に持って行ったものなのよ。この頃は、ビニール製のテーブルかけも売ってるけど、あれは絶対だめ。子供が食事をする時はしようがないけどね、終わったらすぐ取らないと。普通の日には、小ざっぱりしたものなら何でもいいけど、聖日にはきれいなのに替えること。私は、こういうことにはうるさいほうなのよ。ちょっと、これ見てごらん。このテーブルかけは弟の結婚式の時に一度使ったんだけどね、洗わずにとってあるの。ところどころコーヒーのしみがついているでしょう。どうして使わずにしまっといたか、わかる？　私の結婚式の時に使おうと思ってるのよ。うふふ。いつのことやらわからないけれど……」

ロマンチックなおばさんには、かわいい夢がある。結婚式の日には、テーブルに自分で織ったテーブルかけをかけて、そこでおいしいケーキを食べたり、コーヒーを飲んだりするのだろう。切るだけのために用意される、天井に届くほど豪華な日本のウェディング・ケーキとは違って、つつましやかだが、本当に心のこもったお祝いになるにちがいない。

私は、日本にいる時はほとんどコーヒーを飲まないが、フィンランドでは紅茶よりもコーヒーを飲む機会が多かった。フィンランド人は世界でも一、二を争うほどよくコーヒーを飲む。私がフィンランドで初めてコーヒーを飲んだのは、いつどこでだったろう。あれはたしか初めてガッレン＝カッレラ美術館へ行った時だったと思う。

ムンッキニエミからバスに乗って終点まで行くと、急に雨が降って来た。バスに乗っていたのは、私以外皆お年寄りばかり。みんな楽しそうに終点のそばのダンス・ホールへ入ってゆく。美術館は、終点からまだちょっと歩かなくてはならない。傘を持っていなかったので、私もそのダンス・ホールで雨やどりすることにした。

ダンス・ホールでは、昔の音楽をかけてお年寄りが楽しそうに踊っていた。入口のところで外を見ながら立っていると、中から人のよさそうなおじさんが出て来て、中に入るようにと私の手を引っぱる。その時はフィンランド語が何もわからなかったので、おじさんの言っていることが理解できなかったのだが、どうも、中に入ってすわってコーヒーでも飲みなさい、ということらしかった。おじさんがコーヒーを運んで来てくれた。運んで来る途中コーヒーがこぼれて、少し受け皿にたまっている。おじさんは受け皿にこぼれたコーヒーを、まずカップの中へ戻した。私はその時、なんてとんでもないことをするんだろうと思った。品がないというか、お行儀が悪いというか、こぼれたものを元に戻すなんて。

私はそれ以来、フィンランド人のコーヒーの飲み方に注目していた。受け皿にこぼれたコーヒーをカップに戻すのは、あのおじさんだけではなかった。多くの人がそうする。受け皿にたまったコーヒーをそのままにしておくと、飲むたびにカップの底からたれてくる。私はよく、紙ナプキンを受け皿の上にのせてコーヒーを吸わせた。でもよく考えてみると、受け皿も洗ってきれいなわけだから、受け皿にこぼれたコーヒーを飲んでも別に不潔ということはない。

それどころか、反対に、カップのコーヒーを受け皿にあけて飲む人もいる。お年寄りに多い。熱いコーヒーのきらいな人は、受け皿にあけてさましてから飲むらしい。お年寄りが、日本のよりちょっと固めの角砂糖をまず口に入れてしゃぶりながら、コーヒーを飲んでいる姿をよく見かけた。

そういえば、工芸論か何かの講義で、コーヒーカップの受け皿は、カップの容積と同じに作ってあるという話を聞いたような気がする。焼きものをやっている友達が、コーヒー茶碗一客を持って来てくれたことがあった。彼の作った色のきれいな受け皿は、ほとんど平らだった。もしヨーロッパの人が作ったら、受け皿を平らにすることはないかもしれない。彼らにとって受け皿は、もう一つのカップなのだから。

こうしてみると、テーブルかけにしろ、コーヒー茶碗にしろ、まだまだ使い方を知らないものが私たちのまわりにはたくさんありそうだ。洋服も海を越えてやって来た。着物を着て学校へ通う時代は終わり、今やファッションの時代。この頃では、着つけ学校へ行かなくては着物を着られないほど、洋服全盛だ。でもまだ、帽子や手袋の使い方は日本人にはわからない。これから日本の何が残り、外国の何が根づいていくかを見守ってゆくのは、興味深いことだと思う。

何はともあれ、フィンランド留学は終わった。フィンランド語修得が当初の目的だったが、今ではフィンランド語ができるようになったことは副産物だと思っている。語学を勉強するにあたっての苦しかった経験が、すべて優しさに還元されればそれでいい。生きるってそういうことだと思う。

今は、身の振り方を考えている。これからどんな文化活動をして社会に貢献しようかって？　いいえ。そんなことではなく、死んでからどこへ行くかについて。私は八年間キリスト教の学校に通ったので、信者ではないけれど、今まで死んだら天国へ行くのかなと思っていたのだが、よく考えてみるとちょっとこれは困るのだ。天国へ行ったらきっとキリスト教の国からやって来た外国人ばかりで、また外国語で苦労するに決まっている。死んでまで、目的語がどうのこうのと苦しむのは、もういやだ。それに天国には格変化を紙に書いて貼るような壁はあるかしら。私は根っからの怠け者だから、死んだら少しは楽になりたいと思っている。それには母国語ですむようなところへ行かなくてはならない。日本人がたくさんいるところといったら、やはり「極楽」だろうか。極楽なら日本語が通じそうだ。それに、極、楽なところなら、私としてはぜひ行ってみたい。極楽へ行って杉田玄白さんに会ったら、

「語学の勉強って、大変でしたねえ」

と、言おうと思っている。それに極楽には、夏目漱石さんも森鷗外さんもいるだろうから、話題にも事欠かないと思うけど、どうかしら……。

解　説

黒田《くろだ》龍之助《りゅうのすけ》

文庫の解説はふつう、著者のあとがきの後にくる。ところが本書では、本文が終わるといきなり解説である。

『フィンランド語は猫の言葉』は文化出版局（一九八一年）、講談社文庫（一九九五年）、猫の言葉社（二〇〇八年）と三つの版があるが、これまではそれぞれに著者によるあとがきがあった。では、どうして今回はないのか。

著者曰《いわ》く「もう書くことがありません」。

確かに同じ本のあとがきを、版を変えるたびに書くのは厳しいだろう。夏目《なつめ》漱石《そうせき》や森鷗外《もりおうがい》も分かってくれるに違いない（想像だが）。

ということで、わたしの解説となる。だがわたしもすでに、自分の著作の中で本書を何度か取り上げている。それをくり返しても仕方がない。

そこでこの解説は、『フィンランド語は猫の言葉』の三つの版とわたしの関係から始めることにしよう。

わたしが『フィンランド語は猫の言葉』と出合ったのは、文化出版局から出たばかりの頃である。確か新聞の広告で知ったのだと思う。高校一年生だったわたしは、海外の言語や文化に広く興味があったものの、メジャーな世界には無関心で、一人でロシア語をせっせと勉強するようなヘンなやつだった。といってもロシア語だけに固執するわけではなく、日本では話題になることの少ない地域については常にアンテナを張っていて、図書館ではそういう本ばかり借り出していた。本書に惹《ひ》かれたのは「フィンランド語」というキーワードである。

フィンランド語についての本。しかも語学書じゃない。当時入手できたフィンランド語の入門書は、本書にもあるように尾《お》崎《ざき》義《よし》『フィンランド語四週間』（大学書林）だけである。もちろんすでに手に取っていた。だが大学生だった稲垣さんに歯が立たなかったものが、高校生のわたしに分かるはずがない。魅力は感じながらも、手を出すのは躊躇《ためら》われた。

ところが『フィンランド語は猫の言葉』はエッセイ集である。これなら読めるに違いない。さっそく買い求め、自室のベッドに寝転んで読み始めた。

文化出版局（1981）

そして止まらなくなった。

どの話も楽しくて、知的で、元気いっぱいで、こんなふうに海外生活が送れたらどんなにステキだろうかと、想像しただけでワクワクする。これには多くの人が共感するはずだ。

だがわたしがもっとも惹かれたのは、フィンランドの生活よりも、フィンランド語そのものに触れたエッセイだった。文法や音声や方言や古典語といった、大学の授業科目名のようなタイトルが並ぶのに、それがこれほど面白いとは！

いや、面白おかしいばかりではない。ときにはかなり真面目な解説がされる。

フィンランド語には一三の子音要素d・h・j・k・l・m・n・ŋ・p・r・s・t・vと、八つの母音要素a・o・u・e・i・y・ä・öがある。（50頁）

章の冒頭からこうだ。こういう話を専門家が書くと、最初は日常的な話題から始まって、次第に専門的な分野の解説となるのが定石である。ところが稲垣さんのエッセイは、はじめに学問的な情報がバーンと提示される。そして最後は必ず面白い。つまり、フィンランド語そのものの魅力が、余すところなく語られているのである。本書を読

講談社文庫（1995）

めば、誰だってフィンランド語が勉強したくなるに決まっている。

しかしながらわたしは、フィンランド語に憧《あこが》れながらも、結局はスラブ諸語へと向かった。「変化が複雑で気が狂いそうに」（63頁）なるロシア語だけでなく、グジェゴシュやクシシュトフ（57頁）の世界ともつき合いながら、今日に至る。

とはいえ、フィンランドとフィンランド語のことを忘れたわけではない。

講談社文庫版が出たとき、わたしは国立理系大学でロシア語教師をやっていた。少人数の学生を引き連れて、ロシアへ修学旅行に出かけることもあったが、モスクワやペテルブルクを訪れる際は、旅行社に頼んで経由はなるべくヘルシンキにしてもらった。するとたった一泊にもかかわらず、学生のなかにはフィンランド語に興味を持つ者も出てくる。こうしてわたしは、自らがフィンランド語を学ばなかった代わりに、フィンランド語ファンを地道に増やしていったのである。

その後、私立大学理工学部で英語教師をやったりしていたのだが、そこも辞め、しばらくは一人で本を書いていた。その頃に猫の言葉社からハードカバー版が出た。書店で目に留まり、おお、また新しい版が出たのかと感心していたら、それが自宅へ送

猫の言葉社（2008）

られてきて、しかも稲垣さんのサイン入り、さらにあとがきにわたしへの謝辞があった。このことは拙著『世界のことばアイウエオ』（ちくま文庫）ですでに書いたが、もう一度くり返しておきたい。

これ以上に嬉《うれ》しいことがあろうか！

今回、解説を書くにあたり読み返してみると、自分が年齢ごとに違うことを考えていたことに気づく。

高校生の頃は、言語そのものに惹かれていた。だから「音声学」「フィンランド語の文法」「フィンランド語の方言」「フィンランド語の古文」を繰り返し読んだ。稲垣さんがフィンランド語と懸命に格闘する話が好きで、「初めての試験」や「大相撲愛好家と世界の言語」は、その厳しさに恐れ戦《おのの》きながらも、心の底から憧れた。

大学から大学院時代に、通訳のアルバイトをするようになってからは、「通訳稼業あれこれ」を読み返しては身につまされた。学生のアルバイトとはいえ、その苦労はプロと変わらない。とくに録音したテープの音声が誤って消されてしまった話（207頁）は、読んでいるとわたしまで胃が痛くなった。

通訳のアルバイトでソ連に出かけたとき、こんなことがあった。八〇年代のレニングラードの書店でガイドブックを眺めていると、地元の観光案内書がロシア語、英語など各言語版の並ぶ中に、わたしはPietariという表記を見つけた。ピエタリ。『フィンランド語は猫の言葉』で紹介されていた。つまりこれはフィンランド語版なのだ! すぐにフィンランド語版とロシア語版を買い求め、ホテルの部屋で読み比べる。何の知識もないわたしには、フィンランド語は果てしなく難しかったが、理解できなくても満足だった。フィンランド語への憧れは不変である。

大学教員になってからは、もっぱら授業のネタとして使わせていただいた。フィンランド語の数字が長くて、どの辺で息を吸ったらいいか分からなくなるほどタイヘンであること(194頁)を知ってからは、「ほらね、これに比べればロシア語のほうが簡単でしょ」などというケシカラン説明をしていた(ごめんなさい)。フィンランド語には文法上の性の区別がないので、hänが「彼」か「彼女」かよくわからない(108頁)という例は、世界の言語の多様性を語るときには欠かせない情報である。わたしは「稲垣言語学」の継承者なのだ。

残念ながら、ハンサムな大学教授(228頁)にはなれなかったが。

『フィンランド語は猫の言葉』には、「言語学」がよく出てくる。一つの具体的な言語を見つめるとき、その方法を示してくれるのが言語学であるとすれば、フィンランド語と正面から取り組んだ稲垣さんにとって、言語学は非常にリアルな学問だったに違いない。わたしにとってもそうだった。ところが現代の言語学は理論ばかりを追究し、個別言語を疎《おろそ》かにして、英語を中心とした普遍性ばかり注目するようになってしまった。本書のような言語学が語られることは、残念ながらこの先は望めない。

言語学ばかりではない。すでに猫の言葉社版で稲垣さんご自身も書いているように、フィンランドとフィンランド語を巡る環境も、すっかり変わってしまった。もちろんよい面もある。先日トークイベントを催したとき、高校生が「フィンランド語を独学しています」と話すと、周囲の多くが「フィンランド語っていいよね」と反応する。わたしの高校時代には考えられなかった。いずれにせよ、本書とは違う世界だ。

それでも本書が古びないのは何故だろうか。答えは簡単。外国語を学ぶ過程は冒険にも等しく、人をワクワクさせるからである。それでいて、留学する人、熱心に勉強する人、文章が面白い人はそれぞれいても、これが合わさったのは稲垣さんしかいないのだ。

『フィンランド語は猫の言葉』は、この先もずっと読み継がれていくだろう。次はどんなシリーズに入るのだろうか。いっそのこと、古典叢書《そうしょ》がいいかもしれない。そうすれば、稲垣さんが極楽で杉田玄白《すぎたげんぱく》さんに会ったとき、こんな話ができるではないか。

「実はわたしの本も、杉田さんと同じシリーズに入ってるんですよね。えっ、何を書いたかって？　そりゃもちろん、あなたと同じく、語学の苦労話ですよ……」

本書は、二〇〇八年四月に猫の言葉社より刊行された
単行本を加筆修正のうえ文庫化したものです。

フィンランド語《ご》は猫《ねこ》の言葉《ことば》

稲垣《いながき》美晴《みはる》

平成31年 4月25日　初版発行
令和7年 4月10日　18版発行

発行者●山下直久

発行●株式会社KADOKAWA
〒102-8177　東京都千代田区富士見2-13-3
電話　0570-002-301（ナビダイヤル）

角川文庫 21558

印刷所●株式会社KADOKAWA
製本所●株式会社KADOKAWA

表紙画●和田三造

ISBN 978-4-04-107538-8　C0195

◆◇◇

角川文庫発刊に際して

角川源義

第二次世界大戦の敗北は、軍事力の敗北であった以上に、私たちの若い文化力の敗退であった。私たちの文化が戦争に対して如何に無力であり、単なるあだ花に過ぎなかったかを、私たちは身を以て体験し痛感した。西洋近代文化の摂取にとって、明治以後八十年の歳月は決して短かすぎたとは言えない。にもかかわらず、近代文化の伝統を確立し、自由な批判と柔軟な良識に富む文化層として自らを形成することに私たちは失敗して来た。そしてこれは、各層への文化の普及滲透を任務とする出版人の責任でもあった。

一九四五年以来、私たちは再び振出しに戻り、第一歩から踏み出すことを余儀なくされた。これは大きな不幸ではあるが、反面、これまでの混沌・未熟・歪曲の中にあった我が国の文化に秩序と確たる基礎を齎らすためには絶好の機会でもある。角川書店は、このような祖国の文化的危機にあたり、微力をも顧みず再建の礎石たるべき抱負と決意とをもって出発したが、ここに創立以来の念願を果すべく角川文庫を発刊する。これまで刊行されたあらゆる全集叢書文庫類の長所と短所とを検討し、古今東西の不朽の典籍を、良心的編集のもとに、廉価に、そして書架にふさわしい美本として、多くのひとびとに提供しようとする。しかし私たちは徒らに百科全書的な知識のジレッタントを作ることを目的とせず、あくまで祖国の文化に秩序と再建への道を示し、この文庫を角川書店の栄ある事業として、今後永久に継続発展せしめ、学芸と教養との殿堂として大成せんことを期したい。多くの読書子の愛情ある忠言と支持とによって、この希望と抱負とを完遂せしめられんことを願う。

一九四九年五月三日